D1663199

Ava Blank

Lebenslang?

Mit Fragezeichen

Roman

1. Auflage, 2021
ISBN: 9783755733621
Herstellung und Verlag: BoD – Books on Demand, Norderstedt
Lektorat & Korrektorat: Alexandra Michelis
Covergestaltung: COMAKO DESIGN
www.comako.de
Umschlagmotive: Adobe Stock (Lizenzrechte liegen bei der Autorin)

Kontakt:
Ava Blank
c/o autorenglück.de
Franz-Mehring-Str. 15
01237 Dresden

Für Dich.

Weil dieses Buch zu Dir gefunden hat.

Und das nicht ohne Grund.

Niemand rettet uns außer wir selbst.
Wir müssen selbst den Weg gehen.
(Buddha))

Prolog

Ich hasse Weihnachten. Das darf ich aber nicht. Nicht mehr. Denn ich bin jetzt eine Mutter.

Als Mutter darfst du vieles nicht mehr. Das sagt einem aber vorher keiner. Niemand informiert dich darüber, dass es dein vorheriges Leben nicht mehr gibt, nachdem du ein Kind in die Welt gepresst hast. Das steht aber in keinem Ratgeber. Die liefern lediglich Pflegehinweise für die Kinder, nicht für die Mütter.

Als Mama darfst du deiner vierjährigen Tochter auch nicht verraten, dass es den Weihnachtsmann nicht gibt. Das hinterlässt gravierende Schäden in der psychischen Entwicklung. Den Vorwurf muss ich mir heute noch von meiner Schwester Claire anhören: »Du hast der Annegret ihre kindliche Phantasie geraubt!« Ja, genau! Weil mir vor vier Jahren rausgerutscht war, dass ich die Plastikpuppe umtauschen konnte, wegen der meine Nichte heulte, da das Kleid die falsche Farbe hatte. Mittlerweile ist Annegret sieben und will von ihrer Mama wissen, ob man auch seinen Vornamen umtauschen kann. Ihrer sei so uncool. Ich mag meine Nichte!

»Mama, Mama, schau mal, eine Blockflöte«, schreit Lilly quer durchs Wohnzimmer meiner Schwester zu mir herüber und wedelt dabei mit dem Holzinstrument in der Luft herum, das sie gerade ausgepackt hat. Das Küchenmesser in meiner Hand möchte ich Claire direkt in den Rücken stechen. Das Geschenk stammt von ihr. Das ist ihre Rache, die sie geschickt als Wohlwollen verpackt. Musikalische Früherziehung sei so wichtig, die fördere nämlich die Motorik und das Feingefühl von Kindern. Mit anderen Worten: Untalentierte Kleinkinder vermöbeln Instrumente und terrorisieren damit die Nerven ihrer Eltern. Das ist musikalische Früherziehung!

»Ui, das ist aber feini-fein. So ein hübsches Geschenk vom Weihnachtsmann.« Männer, die so reden, leben entweder noch zu Hause bei Mutti oder heißen Diethelm.

Ich habe nie verstanden, was Claire an ihrem Mann findet und wie sie sich von so jemandem gleich zwei Kinder machen lassen konnte. Er trägt kackbraune Hausschlappen aus Cord und zur Feier des Tages eine Fliege um seinen dünnen Hals. Weil ja heute Weihnachten ist. Das Fest der Liebe und krampfhaft erzeugten Familienharmonie. Also halte ich meine Klappe und kippe einen großen Schluck Rotwein hinunter. Wenigstens das darf ich: Alkohol trinken. Wie habe ich das damals nur die neun Monate während der Schwangerschaft ausgehalten?

Sobald die Kinder ihre Geschenke ausgepackt haben, gibt es Dessert. Endlich. Das bedeutet, dass ich es fast geschafft habe und zu Charlie kann.

Mark kommt zu mir an den Küchenblock. Ich weiß genau, was er will. Der hat auch keinen Bock mehr. Das sehe ich ihm an. »Karin, ich mache mich schon mal auf den Weg. Keine Ahnung, was bei dem Schnee auf der Autobahn los ist, und du weißt, wie sehr meine Mutter Unpünktlichkeit hasst.«

Oh ja. Meine Schwiegermutter. Die hasst nicht nur Unpünktlichkeit. Die hasst einfach alles, was nicht in ihr spießbürgerliches Leben passt. Und sowas wie die habe ich jetzt durch meine Hochzeit mit Mark am Hals. Und das lebenslang?

»Aber Lilly ist noch nicht fertig mit ihrem Dessert«, gebe ich meinem Mann zu bedenken, um mich von den gedanklichen Langzeitfolgen meiner Ehe abzulenken.

»Kannst du sie nicht dieses Jahr mitnehmen?«, nörgelt der jetzt rum.

»Zu Charlie?«

»Warum nicht?«

»Weil das nicht geht.«

»Weil du das nicht willst, meinst du wohl!«

»Weil es da für sie stinklangweilig ist, Mark!«

»Und eineinhalb Stunden Autofahrt sind besser für sie, oder was?«

»Sie fährt mit dir zu ihren Großeltern, wo ein Haufen Geschenke auf sie warten. Dass deine Eltern sich weigern, an Weihnachten das Haus zu verlassen, um ihr Enkelkind hier in München zu sehen, dafür kann ICH doch nichts, Mark!«, zische ich.

»Du könntest auch mitkommen, anstatt dich wie jedes Jahr ab dem späten Nachmittag bei deiner schwerreichen Freundin in deren Millionenvilla volllaufen zu lassen!«

Und genau deshalb hasse ich Weihnachten. Alles, was sich das ganze Jahr über aufgestaut hat, entlädt sich an diesem einen Tag. Das ist quasi ein Naturgesetz.

Mark war noch nie begeistert von meiner Freundschaft mit Charlie. Er beschimpft sie als verzogene Nobelvorort-Schlampe, die sich von ihrem alten Mann aushalten lässt. Ich glaube, dass er einfach nur neidisch ist auf das, was Charlie und ihr Mann Alfred, den wir alle liebevoll Alfi nennen, haben. Weil wir es nicht haben. Diese aufrichtige, bedingungslose Liebe. So hat es mir jedenfalls meine Psychotherapeutin erklärt.

Ich schaffe es, für meine Tochter noch das Dessert auszuhandeln, bevor sie sich mit ihrem Vater zu den Großeltern verabschiedet. Wie jedes Jahr ernte ich bei meiner anschließenden Verabschiedung vorwurfsvolle Blicke von meiner Schwester. In Claires Universum gibt es an Weihnachten keinen Platz für andere Menschen außerhalb der eigenen Familie. Die Grenzen meines Universums sind da toleranter, vor allem, wenn für mich die Aussicht auf einen ausgelassenen Tagesabschluss im Kreise der Menschen besteht, die mich verstehen und die nicht jedes meiner Worte auf die Goldwaage legen. Im Haus meiner Schwester muss immer alles politisch korrekt sein. Darauf legen sie und der Diethelm großen Wert, weshalb ich jedes Mal mit Anständigkeits-Burn-out von denen nach Hause komme. So wie jetzt. Dass ich nur zwei Häuser weiter wohne, macht das Ganze nicht einfacher, aber ich habe im Laufe der Zeit gelernt, auf den wenigen Metern abzuschalten und meine Schwester in 18c hinter mir zu lassen.

Daheim angekommen, lasse ich die Haustür hinter mir ins Schloss fallen und atme erleichtert aus. Niemand ist zu Hause. Es ist mucksmäuschenstill. Ich bin alleine. Als Mutter lernst du, die Momente zu schätzen, in denen niemand nach dir schreit, weil sich Gegenstände offenbar in Luft auflösen können, die Lieblingsklamotten gerade in der Wäsche sind, das falsche Essen auf dem Tisch steht, ein Kinderpopo abgewischt werden will oder gerade sonst kein anderer Prellbock verfügbar ist. Ständige Alarmbereitschaft ist mein zweiter Vorname.

Aber nicht heute. Dieser Tag gehört mir. Wenigstens das habe ich mir erhalten.

Mein Handy signalisiert den Eingang einer Whatsapp-Nachricht.

Bist du so weit?, will Sabine von mir wissen.

Warum die sich die Mühe macht zu texten, anstatt einfach zu klingeln, ist mir ein Rätsel. Sie wohnt direkt nebenan in 18f.

Bereit, wenn Sie es sind!, texte ich in Anlehnung an Hannibal Lecter aus ›Das Schweigen der Lämmer‹ zurück.

Und, Clarice, was machen deine Lämmer so?, antwortet sie.

Also gut, texten wir halt von Haustür zu Haustür. *Die einen bringen hoffentlich gleich meine Schwiegermutter zum Schweigen, die anderen haben gerade herausgefunden, dass sie nicht bio sind.* Dann warte ich auf ihre Antwort.

Das ist aber ganz und gar nicht sozio-bio-ökö-logisch-korrekt-vertretbar.

Wann fahren wir los?, frage ich.

Taxi ist bestellt. Fünf Minuten. Schaffst Du?

Schaffe ich. Vier Minuten und neunundfünfzig Sekunden später stehe ich abholbereit vor unserem Reihenmittelhaus. Überpünktlichkeit ist meine Tugend. Na toll! Ich bin genau wie meine Schwiegermutter. Unter dem Daunenmantel trage ich Hoodie und Jogginghose, den offiziellen Dress-code unseres alljährlichen Weihnachtstreffens bei Charlie. Das hat Tradition, seit mir dort vor vier Jahren die Frucht-blase auf ihrem Perserteppich geplatzt ist. Nach unseren familiären Pflichtveranstaltungen hocken wir dort zusammen wie Jugendliche auf Klassenfahrt und ratschen, saufen und lachen bis in die frühen Morgenstunden. Anschließend schleppt sich jeder in sein Gästezimmer und fällt in das liebevoll hergerichtete Bett. Magda, die Haus-hälterin, ist ein wahrer Engel. Sie stellt jedem von uns ein isotonisches Getränk auf dem Nachttisch bereit und legt eine polnische Wundertablette dazu, von der keiner weiß, was da wirklich drin ist. Wir sind uns alle einig, dass dieses

Mittel garantiert keine Zulassung besitzt. Aber der Effekt ist der Hammer: null Kater am nächsten Morgen.

Nebenan geht die Haustür auf und Sabine gesellt sich zu mir. Ohne ein Wort, dafür aber mit einem selbstgefälligen Lächeln auf den Lippen, zündet sie sich eine Zigarette an und inhaliert einen tiefen Zug.

»Was hast du angestellt?«, bin ich amüsiert.

»Oh, ich war ein böses Mädchen! Mein halbgarer Ehemann darf sich gerade mit unserem besserwisserischen Ältesten auseinandersetzen. Söhne Anfang zwanzig, die glauben, die Weisheit mit Löffeln gefressen zu haben, sind die Pest. Und mit der hockt Frank jetzt über den Bratenresten und darf sich anhören, warum der Kapitalismus den Weltfrieden zerstört. Dass der Kapitalismus seines Vaters ihm das Auslandsstudium finanziert, erfährt Rudi dann beim Dessert, das seine Mutter wiederum vom kapitalistischen Haushaltsgeld eingekauft hat. Es könnte nicht besser laufen. Das Thema habe ich übrigens angerissen, kurz bevor ich zu dir rauskam. Mein Weihnachtsgeschenk für meinen Mann.« Sabine zieht erneut an ihrem Glimmstängel und pustet dann stoßweise Rauchkringel in die Luft. Wie das funktioniert, habe ich bis heute nicht verstanden. Es ist eine Kunst. Genau wie Sabines Lebenseinstellung. Nichts bringt sie aus der Ruhe, selbst die Seitensprünge ihres Ehemanns steckt sie weg wie benutzte Taschentücher. Das ist ihr Arrangement mit dem Leben.

Ich könnte das nicht. Meine Ehe ist zwar nicht gerade das, was man als erfüllt bezeichnen würde, aber so läuft das eben. Oder? Wir sind hier schließlich nicht bei Rosamunde Pilcher.

Das Taxi ist da. Es befördert uns aus der Vorstadt hinaus und hinein in eine Welt, die für mich vorher nur in meinen Vorurteilen existierte. Charlie und Alfi wohnen in Grünwald. Das ist DER Münchener Nobelvorort, wo alles residiert, was Rang und Namen oder einen reichen Ehemann hat. Charlie hat beides. Ihr Mann Alfred ist dreißig Jahre älter als sie und um ein paar Ecken herum sogar adelig. Welche Art von Geschäften er genau betreibt, habe ich bis heute nicht verstanden, aber sie scheinen zu funktionieren.

Bei unserer Ankunft werden wir schon erwartet. Charlie steht in der offenen Eingangstüre ihrer Toskanastil-Villa mit Fiffi auf dem Arm. Ich habe diesen Chihuahua noch nie laufen sehen. Er wird entweder getragen oder steckt in Louis Vuitton Taschen. Ja genau, Mehrzahl: Tasche-n. Charlie besitzt mehrere Exemplare in den unterschiedlichsten Farben, sodass sie diese immer passend zu ihren Outfits kombinieren kann. Das ist eine Berufskrankheit, denn Charlie ist Boutiquebesitzerin.

»Oh, wie zauberhaft, endlich seid ihr da«, hüpft sie in ihrer typischen Charlie-Manier auf und ab. Fiffis Miniaturköpfchen wird dabei hektisch hoch- und runtergeschüttelt, aber der Köter ist das mittlerweile gewohnt. Sie drückt uns abwechselnd an ihren Silikonbusen, verteilt Bussis rechts und links und zieht uns hinein in ihre heile, warme Welt. Dort empfangen uns gekühlter Champagner, diverse Sushi-Platten und Fredi, der schönste Mann der Welt, bei dem Frauen allerdings chancenlos sind.

»Schätzchen, du schon hier? Hat deine Familie dir wieder zugesetzt?«, begrüßt ihn Sabine und drückt ihm einen Kuss auf den Mund, was sie mit: »Oh, mein Gott, diese Lippen, was für eine Verschwendung«, kommentiert. Das macht sie immer.

»Ich bin schon seit drei Uhr hier. Während des Desserts bei meinen Eltern musste ich dieses Jahr passen. Immer die gleiche Leier: Wann heiratest du endlich? Wann zeugst du einen Erben? Warum arbeitest du nicht im Familienunternehmen? Wie kann man an Weihnachten mit zerrissener Jeans rumlaufen? Hätte es dieses Jahr nicht wenigstens ein Hemd sein können? Bla, bla, bla.«

»Mein armer Fredi, ich habe dir schon so oft angeboten, zu Alfi und mir zu ziehen. Zumindest so lange, bis du weißt, was du mit deinem Leben anfangen möchtest.«

»Ich bin noch nicht so weit, Charlie.«

»Noch nicht so weit? Mit Mitte dreißig? Das sagst du schon seit vier Jahren, Fredi. Wird langsam Zeit, den Tatsachen ins Auge zu sehen, meinst du nicht?«

»Sabine! Wie wäre es ausnahmsweise mit ein bisschen Mitgefühl statt immer dieser ... dieser eiskalten Art?«, nehme ich Fredi in Schutz.

»Du meinst wohl eher logischen Schlussfolgerungen. Was hat es ihm denn bisher gebracht, das ganze Versteckspiel?«

»Er hat einen Namen und mag es nicht, wenn man in der dritten Person über ihn spricht!«, nuschelt Fredi in seinen Champagner, bevor er das Glas in einem Zug leert.

»Da siehst du es. Er schluckt seine Sorgen hinunter, anstatt sie zu lösen.«

»Sagt die Richtige«, rutscht es mir heraus.

»Was soll das denn heißen?«, fährt Sabine mich daraufhin an.

»Aber Kinder, bitte! Jedes Jahr das Gleiche, kaum, dass man euch alleine lässt. Jetzt bekommt jeder ein Glas Whiskey und dann beruhigen wir uns alle wieder. Es ist schließlich Weihnachten.« Alfi steht in der Tür zum Salon und balanciert ein Tablett in der Hand. Den Whiskey hat er schon vorbereitet und verteilt jetzt die Gläser an uns. Auch das hat mittlerweile Tradition. Der Streit zu Beginn unseres Aufeinandertreffens ist so sicher wie das Amen in der Kirche. Und unser Erzieher Alfi sorgt immer dafür, dass dieser Streit nicht eskaliert und es doch noch ein schöner oder – wie Charlie sagen würde – zauberhafter Abend wird. Wie immer und jedes Jahr an Weihnachten.

Dieser Frieden soll im neuen Jahr auf die Probe gestellt werden. Aber das wissen wir jetzt noch nicht.

Kapitel 1

Das neue Jahr hat begonnen. Zeit für jede Menge gute Vorsätze. Und das dreihundertfünfundsechzig Tage lang, von denen bereits vierzehn weg sind. Unnötig zu erwähnen, dass meine praktische Umsetzung bisher zu wünschen übrig lässt.

Auf meiner Liste steht das Übliche: mehr Sport und eine ausgewogenere Ernährung. Da bin ich guter deutscher Durchschnitt – wie in fast allem. Das mit dem gesunden Essen ist aber gar nicht so einfach, wenn du ein Kind hast. Meine Mahlzeiten bestehen hauptsächlich aus Fischstäbchen und Kartoffelpüree. Vierjährige sind wenig begeistert von Quinoa, Chiasamen oder Grünkohl-Smoothies und ich bin wenig begeistert vom Kochen an sich. Gott sei Dank hat meine Tochter einen anspruchslosen Geschmack und freut sich über Glutamatpanade aus dem Gefrierfach mit Fischfüllung sowie eine ordentliche Fuhre Fix-und-fertig-Kohlenhydrate von Pfanni dazu. Da ich neben meiner Portion zusätzlich noch Lillys Reste während des Abräumens vertilge, überschreite ich regelmäßig die empfohlene Tagesdosis an Kilokalorien für eine ausgewachsene Frau meines

Alters. Ich werde bald einunddreißig und mein Wachstum gilt offiziell als abgeschlossen. Mein Stoffwechsel offensichtlich auch, denn mein Körper wehrt sich mit aller Kraft gegen das Loslassen der letzten drei Schwangerschaftskilos. Und das nach vier Jahren! Was früher ein ordentlicher Magen-Darm-Virus oder ein Vierundzwanzig-Stunden-Nahrungsaufnahme-Stopp erledigt haben, müsste heute schon ein ausgefeiltes, konsequentes Sportprogramm inklusive Ernährungsumstellung übernehmen. Wie das genau funktioniert, führt mir tagtäglich meine Nachbarin Regine vor Augen. Jeden Morgen um Punkt sechs Uhr dreißig geht sie joggen. Während ich bei der ersten Tasse Kaffee völlig schlaftrunken und leidenschaftslos Kindergartenbrote schmiere, springt sie wie eine Gazelle an meinem Küchenfenster vorbei, setzt ihr breitestes Grinsen auf und winkt mir zu. Dafür möchte ich ihr jedes Mal ein Bein stellen. »Das ist alles nur eine Frage der inneren Einstellung und des richtigen Mindsets«, durfte ich mir neulich von ihr anhören. Mein Mindset hat sich dazu entschlossen, sie dafür zu hassen. Wenigstens das ziehe ich konsequent durch und es funktioniert super.

Der Tag hat kaum begonnen, da muss ich Lilly auch schon wieder vom Kindergarten abholen. Betreuungsplätze sind rar gesät in und um München und wir können uns glücklich schätzen, überhaupt einen abbekommen zu haben. Ich hätte mein Kind bereits anmelden und auf die Warteliste setzen lassen müssen, als ich noch ein präpubertärer, menstruationsfreier Teenager war. Wenn du als teilzeitbeschäftigte Frau einen Ehemann mit Vollzeitjob plus Vollzeitgehalt nachweisen kannst, fällst du automatisch in die Kategorie ›Mutter, die ihre Arbeit nur als Hobby betreibt‹. Bei der Anmeldung mussten wir alles offenlegen: Einkommen, Arbeitszeiten, Familienverhältnisse, fehlte nur noch unsere durchschnittliche Sexrate pro Woche. Du lässt die Hosen runter, um dein Kind stundenweise auszulagern, damit du wenigstens ansatzweise etwas in die Rentenkasse einzahlen kannst. Sollst du aber nicht. Zum Glück gehört mir die Hälfte unseres Hauses. Dafür hat Sabine noch vor meiner Hochzeit mit Mark gesorgt, was ich damals nicht verstanden habe und wofür ich ihr heute zutiefst dankbar bin. Es lässt mich ruhiger schlafen.

Wie jeden Tag mache ich mich kurz vor dem Mittagessen auf den Fußweg zum Kindergarten.

Kindergartenmütter sind eine Welt für sich. Aber nicht meine. Den Abholritualen der anderen Eltern beiwohnen zu müssen, ist mein persönlicher Horrormoment des Tages. Nirgendwo sonst erlebt man live, wie bei erwachsenen Menschen in Millisekunden der aktive Wortschatz komplett aussetzt. Sobald sie ihren (meist schlecht gelaunten) Nachwuchs erblicken, erzeugen sie nur noch Laute wie ›Ui‹, ›Ei‹, oder ›Oh‹. Normale Unterhaltungen? Ausgeschlossen! Alles dreht sich dann nur noch um Töpfchentrainingserfolge und infantile Förderprogramme, denn aktuell scheint eine ganze Generation Hochbegabter heranzuwachsen. So belausche ich regelmäßig Gespräche darüber, wie weit entwickelt deren Kinder allesamt für ihr Alter sind und dass ihre Verhaltensweisen eindeutig auf eine Hochbegabung hindeuten. Tobsuchtsanfälle seien ein eindeutiges Anzeichen für einen extrem hohen IQ. Aha. Dann wäre meine Lilly ein absoluter Überflieger.

An der Garderobe meiner Tochter angekommen, finde ich eine Einladung zum Elternabend in ihrem Fach. Auch das noch! Ich pfeife mein Kind aus der Gruppe raus, was ihr ein allgemeines »Liiillyyyy – abgeholt – selber schuld« einbringt. Was für ein dämlicher Kindergartenspruch! Und die sollen alle hochbegabt sein?

Während ich auf mein Kind warte, das noch seine Spielsachen aufräumen muss, wird neben mir gerade der kleine Frank abgeholt. Der Junge hockt auf der Garderobenbank, seine Mutter kniet vor ihm und versucht verzweifelt, die zappelnden Füße des Jungen mit beiden Händen einzufangen, um sie in seine ausgelatschten Winterstiefel zu stopfen.

»Frank, mein Herzchen, die Mama hat gleich einen Termin beim Arzt und möchte gerne pünktlich sein«, versucht sie ihren Jungen zum Anziehen seiner Stiefel zu bewegen.

Ohne Erfolg. Der Frank zappelt einfach weiter.

»Fra-ank, bitte, die Mami muss sich beeilen.«

Das interessiert den Fra-ank aber nicht die Bohne.

»Frank, jetzt reicht es! Zieh sofort deine Stiefel an!«, ändert sie die Taktik.

»Du bist eine Scheiß-Mama!«, brüllt Fra-ank daraufhin seine Scheiß-Mama mit verzerrter Fratze an.

Ui, jetzt wird es spannend. Ich täusche vor, Lillys Sachen in ihrem Garderobenfach aufzuräumen, wobei ich ein paar Gegenstände lediglich von rechts nach links und wieder zurück bewege. Auf keinen Fall will ich das verpassen, was hier gleich abgeht. Das kann Scheiß-Mama unmöglich durchgehen lassen.

»Franki-Schatzi, das war aber nicht lieb von dir. Da ist die Mami ganz traurig, wenn du so etwas zu ihr sagst.«

Ernsthaft? Das ist ihre Reaktion auf die Beschimpfung ihres (zugegeben äußerst hässlichen) Sohnes?

Anstatt der gewünschten kindlichen Empathie erntet die Scheiß-Mama ein »Blöde-Arschloch-Mama!«

Wow! Muss der hochbegabt sein.

Betretenes Schweigen. Endlich Action und Abwechslung im Kindergarten. Ich freue ich mich auf den bevorstehenden Streit zwischen Blöde-Arschloch-Mama und Franki-Schatzi und räume weiter völlig sinnlos Dinge hin und her.

Aber Fehlanzeige, denn Arschloch-Mama sagt nur: »Mein armer kleiner Franki-Schatzi. So viele aufgestaute Aggressionen«, schaut dann zu mir hoch und meint: »Kein Wunder, wenn so kluge Kinder wie mein Frank hier geistig nicht richtig ausgelastet werden! Ich muss das mit der Leitung besprechen, schaust du eben auf den Frank? Superlieb, danke dir«, und verschwindet, ohne meine Antwort abzuwarten, in den Gruppenraum.

Franki-Schatzi registriert meinen verständnislosen Blick und streckt mir die Zunge raus. Da die Blöde-Arschloch-Mama außer Sicht- und Hörweite ist, beuge ich mich zu ihm runter und zische: »Mach das noch einmal, Franki-Boy, und ich sorge dafür, dass man dir dein freches Mundwerk zunäht und deine blöde Zunge da nie wieder rauskommt!«

Wie von der Tarantel gestochen springt Franki-Boy auf und rennt weinend seiner blöden Arschloch-Mama hinterher in den Raum, aus dem jetzt meine Tochter kommt. Ich schnappe ihren Mantel vom Haken, die Schuhe vom Boden, hebe sie auf den freien Arm und mache mich mit einem »Schnell weg hier« aus dem Staub. Das wird bestimmt ein Nachspiel haben und DAS Thema auf dem Elternabend sein. Aber das war es mir wert.

Seitdem ich eine Vollzeitmutter bin, gleicht mein Leben einer sich ständig wiederholenden Dauerschleife. Unvorhergesehenes widerfährt mir nur noch in Form von Kinderkrankheiten, die immer zu den denkbar ungünstigsten Zeitpunkten ausbrechen. Meistens dann, wenn ich verabredet bin und eine Pause vom Mamadasein über Wochen im Voraus geplant habe. Kindliches Fieber und Erbrechen klopfen nicht höflich an und fragen nach, ob es gerade passt oder ob sie lieber später noch mal vorbeischauen sollen. Die sind da rigoros und machen dir, ohne jedes schlechte

Gewissen, einen ordentlichen Strich durch die Rechnung. Die bedingungslose Liebe zu deinem Kind aktiviert dann sämtliche Reserven deines Körpers und lässt dich schlaflose Nächte überstehen, in denen du im Akkord Bettwäsche wechselst, Medikamente verabreichst und einfach nur da und wach bist.

Natürlich liebe ich meine Tochter. Ich kann gar nicht anders, auch wenn sie viel von ihrem Vater hat. Mark liebe ich auch, er ist schließlich mein Mann und Lilly der Grund, weshalb wir geheiratet haben. Geplant war sie nicht. Nichts von dem, wie ich aktuell lebe, war so geplant. Mein Traum eines erfüllten, vom Erfolg bestimmten Lebens ist damals mit meiner Fruchtblase auf dem sündhaft teuren Perserteppich geplatzt. Karriere als schicke Geschäftsfrau machen jetzt andere wie die Maren. Sie war einst die aufstrebende Kollegin an Marks Seite, aber selbst eine wie die konnte sich in der chauvinistischen Baufirma nicht durchsetzen. Dafür fehlte es letztendlich auch ihr an den nötigen Zentimetern in der Hose. Frau Dr. Maren Ponte leitet jetzt den Marketingbereich eines renommierten Baustoffherstellers und ist nach wie vor geschäftlich mit meinem Mann verbandelt. An die Art und Weise, wie sie Geschäftsbeziehungen pflegt, musste ich mich erst gewöhnen. Die Tonalität ihrer Whatsapp-Nachrichten besticht durch eine gewisse Art, wie sie sonst nur Geliebte an den Tag legen. Solche Nachrichten schickt sie auch an meinen Ehemann. Das hat in der Vergangenheit bereits dazu geführt, dass ich Mark eine Affäre mit ihr angehängt habe. Zur Rede gestellt habe ich ihn deswegen aber nie, es hat sich irgendwie nicht so richtig ergeben und mittlerweile ist der enge Kontakt der beiden für mich zur Gewohnheit geworden. Hausverbot hat sie bei mir trotzdem.

Mein Kind informiert mich motzenderweise darüber, dass es heute keine Fischstäbchen mag. Chicken Nuggets sollen es dafür sein, mit Pommes. Mir auch recht, beides macht sich von selbst im Backofen. Wir gehen auf dem Heimweg schnell noch im Supermarkt vorbei, wo ich für den Abend eine Flasche teuren Rotwein besorge. Mark kommt heute extra früher nach Hause. Wir haben uns vorgenommen, mehr ›Quality Time‹ miteinander zu verbringen. So nennt man das jetzt, wenn man seine Ehe retten will. Ganz am Ende sind wir zwar nicht, aber es bleibt viel auf der Strecke zwischen Kind, Job, Haushalt, Freunden und Freizeit. Ganz zu schweigen vom Sex. Der war früher unsere Königsdisziplin, die mittlerweile zu einer Erinnerung an vergangene Tage verblasst ist. Wo ich den bei dem ganzen Alltagsstress noch unterkriegen soll, ist mir ein Rätsel. Heute Abend vielleicht. Mit ein paar Prozent Hilfe.

Zu Hause angekommen, schmeiße ich den Backofen an und schicke Lilly in ihr Zimmer zum Spielen, bis das Essen fertig ist. Dass das ein folgenschwerer Fehler war, bekommen meine Ohren wenige Sekunden später zu hören. Lilly spielt ›musikalische Früherziehung‹ und erzeugt auf ihrer Blockflöte Töne, die mich ernsthaft an der geistigen

Gesundheit meines Kindes zweifeln lassen. Ich beschließe, das Scheißding schnellstmöglich zu entsorgen. Aber das muss warten, denn mein Zeitplan ist straff, da ich meinen Körper noch einer gründlichen Rasur unterziehen muss. Wer weiß, wo Mark später nach einer Flasche Rotwein landen wird, und ich will auf alles vorbereitet sein. Wenn mein Mann angetrunken ist, erlebt er eine Art Flashback. Er vergisst dann seine bildhafte Vorstellung davon, dass dort unten seine Tochter rausgeschlüpft ist, und macht all die Dinge, die vor der Geburt zu seinem Verwöhnprogramm gehörten. Ohne Alkohol gibt es seitdem nur Standardprogramm, gutes öffentlich-rechtlich erstes und zweites Programm. Für das Umschalten auf schlüpfrige Privatsender muss ich ihn daher abfüllen und entkorke in weiser Vorausschau die Weinflasche.

Während ich mich gedanklich auf den heutigen Abend einstimme und dabei die Tiefkühlkost auf dem mit Backpapier ausgelegten Ofenblech ausbreite, klingelt es. Ich unterbreche widerwillig meine schmutzigen Gedanken und öffne Claire die Tür, die mit herabhängenden Schultern und gerunzelter Stirn vor mir steht. Also die passt jetzt so gar nicht in mein Szenario und ruiniert mir die Stimmung. Na toll!

Meine Schwester verkündet, dass sie mir etwas Dringendes mitteilen muss. Es wäre besser, wenn wir uns hinsetzen würden. Ich lasse sie herein und wir nehmen am Esstisch Platz. Die macht es aber auch spannend.

»Unser Vater ist tot, Karin.« Pause. Erwartungsvoll sieht sie mich an, ihre Stirn hat sie immer noch in Falten gelegt. »Karin? Hast du gehört? Unser Vater ...«

»Und das ausgerechnet heute!«, platze ich vor Wut.

»Wie bitte?«

»Kein Durchfall, keine Erkältung, keine Läuse. Sogar gute Laune hat mein Kind heute. Ausgerechnet dann kommt mir der Tod unseres Vaters dazwischen, wenn ich plane, seit Langem endlich wieder schmutzigen Sex mit meinem Mann zu haben. Ich fasse es nicht!«

Claire auch nicht. Allerdings ist sie fassungslos über meine Reaktion und nicht darüber, dass ich meine Ehe auffrischen will. »Karin, unser Vater ist gestorben. Das ist doch keine angemessene Reaktion auf die Nachricht seines Todes!«

Miss Political Correctness mal wieder! Drauf geschissen! »Es war auch nicht angemessen von ihm, sich an meiner Hochzeit direkt nach der Hauptspeise zu verpissen, nur weil seine blöde Frau ihm ein zeitgebundenes Sparticket gekauft hatte. Oder uns und unsere Mutter im Stich zu lassen, weil wir zu anstrengend für ihn waren.«

»Du reagierst über. Wahrscheinlich stehst du unter Schock.«

»Das ist kein Schock, sondern die Wut darüber, dass er es selbst über seinen Tod hinaus schafft, mir mein Leben zu versauen.«

»Ach, Karin.«

»Ach, Karin«, äffe ich meine Schwester nach. »Ich hatte genügend Gründe, den Kontakt zu ihm abzubrechen. Und jetzt platzt er einfach so in mein Leben, obwohl er tot ist.«

»Dafür, dass du ihn angeblich so erfolgreich ausgeschlossen hast, reagierst du aber ganz schön emotional, findest du nicht?«

Na toll. Jetzt werde ich auch noch analysiert. Soweit ich weiß, hat meine Schwester eine Ausbildung zur Versicherungskauffrau absolviert und kein Psychologiestudium. Daher frage ich sie: »Und was soll ich jetzt mit der Information anfangen? Ich hatte seit über vier Jahren keinen Kontakt zu ihm.«

»Es gibt ein Testament.«

»Na und? Was habe ich damit zu tun?«

»Einiges anscheinend, denn es soll nach seiner Beerdigung eröffnet werden und betrifft uns beide. Hier, lies selbst.« Claire befördert ein Kuvert aus der Tasche ihrer Strickjacke und schiebt es langsam mit beiden Händen über die Tischplatte zu mir herüber.

Ich starre es an, ohne mich zu rühren, halte die Arme weiterhin demonstrativ verschränkt vor meinem Oberkörper zusammen und beiße mir dabei auf die Unterlippe. Alles an und in mir ist angespannt. Ich muss mich schützen. Zu tief sitzen die Wunden der Vergangenheit.

Claire kommt mir entgegen und beginnt, den Inhalt des Briefes für mich zusammenzufassen. Verfasst hat ihn die Frau meines Vaters, die jetzt eine Witwe ist. Die Beerdigung findet am kommenden Wochenende in der Nähe von Flensburg statt, wo er die letzten vierundzwanzig Jahre gelebt hat. Wir sind, abgesehen von seiner Frau, die einzige direkte Verwandtschaft und somit die rechtmäßigen Erben, die ausdrücklich zur Testamentseröffnung geladen sind. Das hat unser Vater noch zu seinen Lebzeiten persönlich festhalten lassen. Sogar unsere Zugtickets sind schon bezahlt und für eine Unterkunft vor Ort wurde ebenfalls gesorgt.

Ich bin immer noch sprachlos und habe meine Sitzposition nach wie vor nicht verändert. Mein Gehirn hat die Informationen registriert, aber mein Verstand sie noch nicht verarbeitet. Ich kapiere das alles nicht. »Wir haben keine Rolle in seinem verdammten Leben gespielt und jetzt sollen wir über acht Stunden Zugfahrt auf uns nehmen, um was genau zu erfahren? Dass wir seine Briefmarkensammlung geerbt haben?«

»Keine Ahnung, Karin, aber wir müssen da hin. Um abzuschließen.«

»Ich habe schon vor Jahren mit ihm abgeschlossen!«

»Hast du nicht, und das weißt du auch.«

»Ich kann Lilly nicht alleine lassen.«

»Sie hat einen Vater, der auf sie aufpassen kann.«

»Mark weiß nicht, wie das geht. Er war noch nie mehrere Tage alleine mit seinem Kind.«

»Der Diethelm ist auch noch da sowie der Rest der Nachbarschaft.«

Ich sehe schon, aus der Nummer komme ich nicht mehr raus. »Wie?«, frage ich nach einer kurzen Pause.

»Was, wie?«, versteht Claire mich nicht.

»Wie ist er gestorben?«

»Letztendlich an einem Schlaganfall, den er während einer Herz-OP hatte. Unser Vater litt jahrelang an Diabetes, die zu diversen Gefäß- und Herzerkrankungen geführt hat.«

»Wow! Hast du zwischenzeitlich ein Medizinstudium abgeschlossen oder weißt du das aus siebzehn Staffeln ›Grey's Anatomy?‹«

»Das hat mir seine Frau gesagt.«

Ich ziehe überrascht die Augenbrauen hoch und hole tief Luft. »Gesagt? Hast du etwa mit der gesprochen?«

»Ihre Kontaktdaten stehen in dem Brief. Natürlich habe ich sie sofort angerufen.«

»Mama, Hunger!«, nörgelt meine Tochter, die, mittlerweile aus ihrem Zimmer runtergekommen, jetzt direkt neben mir steht und an meinem Arm zerrt. Das wird mir alles zu viel. »Lass mich in Ruhe!«, pflaume ich Lilly an, die daraufhin sofort in Tränen ausbricht.

Claire reagiert schnell, nimmt ihre Nichte tröstend in den Arm und wirft mir über deren Schulter hinweg einen vorwurfsvollen Blick zu. Dann sagt sie zärtlich: »Lilly, mein Schätzchen, was hältst du davon, wenn du heute bei uns zu Mittag isst und wir deiner Mami ein bisschen Zeit lassen, bis sie wieder besser gelaunt ist?«

»Ich will aber Chicken Nuggets!«, protestiert mein Kind.

»Sollst du haben. Komm mein Engelchen, der Korbinian und die Annegret freuen sich bestimmt.« Ohne meine Antwort abzuwarten, erhebt sich Claire in Richtung Küche, befördert dort Nuggets und Pommes vom Blech in eine Schüssel und verschwindet sowohl mit Tiefkühlessen als auch Lilly zu sich nach Hause. Auch wenn wir verschiedener nicht sein könnten, weiß Claire in schwierigen Situationen genau, was ich gerade brauche. Das war schon immer so. Seit unserer Kindheit hat sie sich um mich gekümmert, weil es sonst niemanden gab, der das hätte übernehmen können.

Als die beiden weg sind, schlägt meine Wut plötzlich um in Hilflosigkeit. Mir fehlt jetzt ein Elternteil. Einer, von dem ich dachte, ich könnte ihn nicht vermissen, weil er keine Rolle in meinem Leben spielt. Aber zu wissen, dass das jetzt endgültig ist, versetzt mir einen ordentlichen Tritt in den Magen. Ich werde den Mann nie wieder sehen. Den Mann, der mich als Kind ohne jede Erklärung zurückgelassen hat. Den Mann, den ich krampfhaft versucht habe zu verdrängen. Den Mann, der jetzt präsenter ist als je zuvor. All die Fragen, die mir auf der Seele brennen, werde ich ihm nicht mehr stellen können.

Ich schnappe mein Handy, texte die Neuigkeit in unseren Gruppenchat und bitte um ein Treffen vor meiner Abreise. Sabine, Charlie und Fredi antworten nur wenige Minuten später. Sie drücken mir der Form halber ihr Beileid aus. Alle wissen um mein nicht vorhandenes Verhältnis zu meinem Vater, weshalb fast zeitgleich die Frage von allen folgt: *Warum fährst du da überhaupt hin?*

Erkläre ich euch morgen. Treffen bei Aische im Café, 16.00 Uhr?, antworte ich.

›Aische‹ schreibt sich eigentlich ›Ayse‹, aber das kann keiner von uns korrekt aussprechen. Daher sind wir bei der deutschen Lautsprache geblieben und haben sie eigenmächtig verschriftlicht, was bei Aische – also Ayse – regelmäßig zu Lachanfällen führt. »Ihr Deutschen! Dann schreibt bitte zukünftig auch ›Schackeliene‹ für ›Jaqueline‹«, hat sie sich einst augenzwinkernd bei uns beschwert.

Ich erhalte dreimal Daumen hoch.

Ich schnappe mir den Rotwein, der für heute Abend gedacht war, und gieße mir großzügig ein Glas ein. Der Wein schmeckt, als müsste er mindestens noch drei Stunden atmen, aber so viel Zeit habe ich nicht. Das zweite Glas schmeckt bestimmt besser. Tut es nicht, verfehlt aber keinesfalls seine Wirkung.

Ich brauche dringend Ablenkung und beginne, das Haus zu putzen. Danach gehe ich ins Bad, drehe die Musik auf und betreibe Körperpflege. Ich peele, schrubbe und rasiere, was das Zeug hält. Alles muss ab. Meiner Bitte, Lilly über Nacht bei sich zu behalten, kommt Claire verständnisvoll entgegen. Wie immer. Oh Gott, so viel Freundlichkeit und Mitgefühl kotzen mich an!

Als Mark um kurz nach sechs nach Hause kommt, erwarte ich ihn im Flur. Er staunt nicht schlecht, weil ich so gut wie nichts anhabe. Ohne ein Wort mache ich mich an ihm zu schaffen und tue Dinge, von denen er seit Jahren träumt. Denn anders als ursprünglich geplant bin ich bereits angetrunken und daher bereit, Sachen zu machen, die nüchtern für mich nicht infrage kommen. Wir arbeiten uns Stockwerk für Stockwerk ins Schlafzimmer hoch, wo ich mich zum Abschluss von hinten hart rannehmen lasse – aber nur, um für den Moment überhaupt etwas zu spüren. Weil alles in mir taub ist.

Die Tränen, die mir währenddessen die Wangen herunterlaufen, kann Mark nicht sehen.

Am nächsten Tag betrete ich um halb vier und somit dreißig Minuten vor unserer eigentlichen Verabredung das Café von Aische.

Aische habe ich vor etwas mehr als vier Jahren im Krankenhaus kennengelernt. Dort musste ich zu Beginn meiner Schwangerschaft nach einem Nervenzusammenbruch absolute Bettruhe einhalten. Aische war meine Zimmernachbarin, gerade zum dritten Mal Mutter geworden und träumte vom eigenen Café, einem Mutter-Kind-Paradies für entspannte Auszeiten vom stressigen Alltag. Ihre Idee hat sie mittlerweile erfolgreich in die Tat umgesetzt. Wie viele Stunden ich hier schon verbracht habe, kann ich nicht genau sagen, wahrscheinlich sind es zusammengerechnet sogar Tage. Immer, wenn mir mit Kind allein zu Hause die Decke auf den Kopf fiel, bin ich hierhergekommen. Es gibt kuschelige Sofaecken mit vielen bunten Kissen, jede Menge Babywippen und eine großzügige, gut ausgestattete Spielecke, in der ich jetzt Lilly absetze.

Aische kommt um den Tresen herum und umarmt mich herzlich. Wie setzen uns und ich berichte kurz vom Tod meines Vaters und der mir bevorstehenden Reise nach Norddeutschland. Aische hat ihren Vater vor zwei Jahren verloren. Sie hatten zwar Kontakt, aber das Verhältnis zwischen den beiden war äußerst angespannt. Die selbstbestimmte Art seiner jüngsten Tochter war dem alten Mann schon immer ein Dorn im Auge gewesen. In seiner Welt gehörten Dreifachmütter nach Hause zu den Kindern und an den Herd. Als sich Aische dann als Geschäftsfrau mit ihrem eigenen kleinen Unternehmen selbstständig gemacht hatte, zog sich ihr Vater ganz von ihr zurück. Eine richtige Aussprache zwischen den beiden gab es nicht, aber Aisches Mutter hat ihr versichert, dass der alte Mann seine Tochter sehr geliebt habe.

Aische ist fest davon überzeugt, dass das Einzige, was den Tod nicht überlebt, der menschliche Körper und die negativen Energien sind. Alles andere besteht für sie fort und wandelt sich um. Ihrer Ansicht nach existiert der Geist meines Vaters daher weiterhin und ich kann jederzeit mit ihm Frieden schließen, wenn ich so weit bin. Aische ist der spirituellste Mensch, den ich kenne. Der Rest meiner Freunde ist da anders. Die bezeichnen sie als Esoterik-Tante. Mir tut Aische gut, auch wenn ich manche ihrer

Theorien echt abgefahren finde. Aber jetzt helfen sie mir. Sie haben etwas Tröstendes.

Um Punkt vier Uhr stürmen Charlie, Sabine und Fredi das Café. Wie die ›Drei Engel für Karin‹ posieren sie am Eingang und blicken sich suchend nach mir um. Es fehlen nur die Pistolen in ihren Händen. Charlie entdeckt mich als Erste. Im Gleichschritt marschiert das Trio los in meine Richtung. Ehrlich, das ist so was von filmreif!

Aische begrüßt meine Freunde, nimmt deren Bestellungen entgegen und macht sich wieder an die Arbeit. Sie gehört genauso zu mir wie meine Freunde und ist doch kein Teil davon.

»Herzchen, wie geht es dir?«, schließt mich Charlie in die Arme.

»Keine Ahnung«, zucke ich dabei mit den Schultern.

»Sie hat sich volllaufen lassen und dann eine Sexorgie mit Mark veranstaltet. Ihr Orgasmus war aber gefakt. So geht's ihr.« Wir starren alle Sabine, von der die Bemerkung stammt, mit offenen Mündern an. »Was denn? Wir leben Wand an Wand. In unserer Reihenhaussiedlung hörst du alles und ich weiß genau, wie du klingst, wenn du wirklich Spaß hast.«

»Musste das sein?«, fauche ich sie an. »Kannst du dich nicht einmal zurückhalten mit deinen Kommentaren?«, werde ich so laut, dass sich ein paar der anderen Gäste zu uns umdrehen.

»Mädels, bitte. Nicht heute, okay? Und jetzt setzt euch endlich hin, alle starren schon hierher«, hebt Fredi beide Hände in die Höhe, als wolle er böse Geister von sich abhalten. »Ich hocke hier als einziger Mann mit drei Frauen in einem Mutti-Café und bin dafür extra früher aus dem Büro raus. Außerdem sind wir hier, um Karin seelisch zu unterstützen und uns ihre Neuigkeiten anzuhören. Nicht um zu streiten.«

Fredi ist ein geschickter Mediator, wenn es nicht gerade um seine eigenen Belange geht. Er schafft es, unsere Gemüter zu beruhigen. Sabine sieht mich an und haucht ein »Tut mir leid« herüber, was ich mit einem »Ist schon gut« akzeptiere. Aber so richtig ernst meine ich die Worte nicht. Wir setzten uns.

»Jetzt erzähl schon, warum du ausgerechnet zur Beerdigung deines Vaters musst?«, nimmt Fredi den Faden wieder auf.

Ich berichte von dem Gespräch mit Claire und dem Testament.

»Und worum könnte es sich deiner Meinung nach bei dem Erbe handeln?«, fragt die Anwältin in Sabine.

»Das ist es ja, ich habe keine Ahnung. Selbst Claire kann sich das nicht erklären. Sie sagt, dass wir da unbedingt hinfahren müssen, um abzuschließen.« Bei dem letzten Wort simuliere ich mit Zeige- und Mittelfingern zwei Anführungszeichen in die Luft.

»Und um endlich Frieden zu schließen«, lächelt Aische in die Runde, die mit den Bestellungen an unseren Tisch zurückgekehrt ist. Sie verteilt die Getränke, streicht mir kurz über die Schulter und geht wieder.

»Das ist ja aufregend. Wie in einem Film, findet ihr nicht?«, klatscht Charlie in die Hände.

»Ja, nur dass das ein Horrorfilm wird. Über acht Stunden Zugfahrt mit meiner Schwester und anschließend raus aufs platte Land zu der Witwe meines Vaters. Ich bin der Frau nur ein- oder zweimal im Leben begegnet, aber das hat mir gereicht. Sie hat die Mundwinkel von Angela Merkel und die Ausstrahlung einer grauen Maus.«

»Die Frau hat ihren Mann verloren. Sie leidet bestimmt, glaubst du nicht?«

»Weiß ich nicht«, beantworte ich Charlies Frage. »Und es interessiert mich auch nicht. Ich will das Wochenende einfach nur hinter mich bringen.«

Meine Freunde reden mir gut zu, bieten eine Standleitung über die drei Tage via Whatsapp an und machen mir Mut. Ich erhalte Tipps zu Podcasts und Netflix-Filmen für die ewig lange Zugfahrt und alle versprechen auf Abruf zu sein, falls ich es zwischendurch nicht mehr aushalten sollte.

Als Lilly zunehmend quengelig wird, weil sie müde ist, verabschiede ich mich und fahre mit ihr nach Hause. Die anderen wollen noch weiter in eine Bar, aber mir ist nicht nach feiern zumute und mit Kind im Schlepptau geht das ohnehin nicht. Außerdem muss ich noch packen, denn morgen ist schon Freitag.

Das ist der Tag, an dem Claire und ich zur Beerdigung meines Vaters fahren.

Kapitel 2

Mark verabschiedet mich bereits am Abend und bezieht für die Nacht das Gästezimmer. Er brauche seinen Schlaf, schließlich müsse er am nächsten Morgen seine Tochter in den Kindergarten bringen und mein Wecker klingele schon um fünf Uhr. Unausgeschlafen könne er nicht zur Arbeit.

Ich lasse das unkommentiert, um Streit zu vermeiden. Den gibt es bei uns schon genug, und das wegen jeder Kleinigkeit. Wobei, Kleinigkeiten sind es nicht, eher große Themen – für mich zumindest. Seiner Meinung nach trägt er den Großteil der Verantwortung für unsere Familie, da er das Einkommen beisteuert. Ohne Mark als Hauptverdiener gäbe es kein Dach über dem Kopf, kein Auto in der Garage und kein Essen im Kühlschrank. Das verleihe ihm das Recht, die Entscheidungen darüber zu treffen, wofür wir SEIN Geld ausgeben, wo es in SEINEN wohlverdienten Urlaub hingeht oder welche Versicherungen zur Aufrechterhaltung SEINES Wohlergehens abgeschlossen werden.

Ich sehe das etwas anders. Ich erhalte SEIN Kind am Leben, und das seit vier Jahren. Ist das etwa keine Verantwortung?

Das Elternsein hat uns als Paar verändert. Es ist, als ob mit Lillys Geburt ein Schalter umgelegt worden wäre und

Mark plötzlich begonnen hatte, mich mit anderen Augen zu sehen. Ein Kind stellt einfach alles auf den Kopf.

Sabine fährt Claire und mich in aller Herrgottsfrühe zum Bahnhof. Draußen ist es noch stockdunkel, eiskalt und ungemütlich. Auf dem kurzen Weg von meiner Haustür zu Sabines Auto ziehe ich krampfhaft die Schultern hoch und meine Kapuze tief ins Gesicht. Ich hasse den Januar!

Die Fahrt zum Bahnhof dauert knappe vierzig Minuten. So ist das, wenn du in der Vorstadt lebst. Jeder gefahrene Kilometer in Richtung Freiheit zahlt ein auf dein Schlechtes-Gewissen-Konto und du hast Zeit, dir Fragen zu stellen wie: Ist es wirklich okay, deinen Mann alleine mit dem Kind zu lassen? Ist genug Essen im Kühlschrank? Was machst du, wenn das Kind plötzlich krank wird und du nicht da sein kannst? Ich wette, Stadtmütter kennen das nicht. Die sind schneller am Bahnhof oder Flughafen und somit raus aus dem Zentrum des ganzen Kinderuniversums.

Am Bahnhof angekommen, verabschieden wir Sabine und schleppen uns übermüdet in die Haupthalle. Ich will gerade los, um Frühstück und frischen Kaffee zu besorgen, da hält mich meine Schwester am Ärmel zurück und verkündet feierlich: »Brauchst du nicht, ich habe alles dabei.« Sie deutet auf ihren prall gefüllten Rucksack. Welcher Erwachsene trägt freiwillig einen Rucksack? Den legt man als Frau spätestens nach der Grundschule ab und tauscht ihn gegen hippe Shopper ein. Der Trend ist an Claire aber vorbeigegangen. Stattdessen lastet ein schwarzer Wanderrucksack auf ihren Schultern, der so straff sitzt, dass sich ihre mütterlichen Brüste deutlich unter dem dicken Wintermantel abzeichnen. Den Bauchgurt hat sie auch noch festgebunden. Alles an Claire quillt über. Sie sieht aus, wie das Michelin-Männchen in Schwarz.

»Was hast du da alles drin?«, ziehe ich kritisch die Augenbrauen hoch.

»Proviant. Wir sind schließlich den ganzen Tag unterwegs«, antwortet sie ganz selbstverständlich.

Oh Gott! Kann mir bitte jemand sagen, dass das nur ein böser Traum ist? Ich frage nach, ob sie schon mal was vom Bordrestaurant gehört hat.

»Das Geld dafür kannst du dir sparen, ich habe an alles gedacht.«

»Gut. Ich gehe trotzdem nur schnell ... Kaugummi holen, ja genau, Kaugummi«, freue ich mich über meinen Geistesblitz. Claire hasst Kaugummi kauende Menschen, daher hat sie den garantiert nicht in ihrem Monsterrucksack und wird sich vielleicht freiwillig von mir wegsetzen, wenn ich geräuschvoll genug kaue. »Wie treffen uns am Zug, bis gleich«, und weg bin ich.

Mit Kaugummi und einem Dreierpack Piccolo bewaffnet stehe ich wenig später neben Claire am Gleis und wir warten auf die Einfahrt des ICE 886 in Richtung Hamburg. Nach Flensburg gibt es keine Direktverbindung und so müssen wir ab der Hansestadt weitere zwei Stunden mit dem Regionalzug durch die Pampa bummeln. Der ganze

Aufwand für einen toten Mann, der zu seinen Lebzeiten keinen einzigen Schritt in meine Richtung unternommen hat. Wenn das keine Pluspunkte auf meinem Karmakonto einbringt! Unsere Reservierungen sind für die zweite Klasse. War ja klar. Sparsam bis über seinen Tod hinaus, der Herr Papa. Wir informieren uns an der Wagenstandanzeige über den genauen Standort unseres Zweite-Klasse-Wagens. Der befindet sich natürlich außerhalb des windgeschützten und überdachten Bereichs und so stehen wir weitere zehn Minuten in der zugigen Eiseskälte herum, bevor unser Zug einfährt.

Als wir endlich auf unseren Plätzen sitzen, macht sich meine Schwester an die Arbeit, die Klapptische in ein Frühstücksbuffet umzuwandeln. Sie kramt Plastikbecher, Besteck und Servietten hervor, die sie akkurat vor uns drapiert. Fehlt nur noch, dass sie mir ein Lätzchen umhängt und mich füttert. Ich möchte auf der Stelle im Erdboden versinken. Dann zaubert sie noch zwei Thermoskannen hervor und fragt: »Kuh- oder Hafermilch?«

»Du hast Kaffee mit jeweils zwei Milchsorten dabei?«

»Aber natürlich. Ich bin immer auf alles vorbereitet. Das lernst du in zehn Jahren Mamasein. Hunger?«

Es folgen tupperdosenweise geschmierte Käse-Schinken-Brote mit Salatblättern, Tomatenscheiben und Remouladensoße.

»Wann hast du das alles gemacht?«

»Heute Morgen.«

»Du meinst wohl eher, heute Nacht. Um wie viel Uhr bist du denn aufgestanden?«

»Um drei.«

»Um drei«, wiederhole ich halblaut.

Versorgt sind wir jedenfalls und die Schnittchen reichen locker bis Helsinki. Ich kriege aber so früh keinen Bissen runter und trinke daher nur einen Kaffee auf nüchternen Magen mit stinknormaler Kuhmilch aus einem rosaroten Plastikbecher mit Blumenmotiven. Gott sei Dank kennt mich hier keiner.

Die Fahrt zieht sich endlos hin. Claire liest, ich döse, aber an Schlaf ist nicht zu denken. Netflix kann ich nicht gucken, weil wir entgegen der Fahrtrichtung sitzen. Bei mir funktioniert in dem Fall nur geradeaus schauen, sonst muss ich kotzen. Irgendwo zwischen Göttingen und Hannover halte ich es nicht mehr aus und gehe ins Bordrestaurant. Ich brauche etwas Anständiges, völlig egal, ob Claire das als Geldverschwendung ansieht. Heute ist es MEIN Geld und ich allein entscheide, wofür ich das ausgeben möchte. Leider habe ich überhaupt keinen Appetit, daher bestelle ich ein Glas Wein. Mein Blick auf die Uhr und in die Augen meiner Nachbarn an den anderen Stehtischen kategorisiert mich als Alkoholikerin. Es ist Viertel nach elf am Vormittag, da ich aber schon seit über fünf Stunden auf den Beinen bin, zählt das quasi als Mittagszeit, finde ich. Die Franzosen trinken auch Wein zum Mittagessen. Wahrscheinlich haben die deshalb auch diese komische Sprache, die sonst kein Mensch aussprechen kann – außer eben, du hast einen sitzen.

Ich texte Mark, um nachzufragen, wie es am Morgen mit Lilly gelaufen ist. Mein schlechtes Gewissen ist wider Erwarten nicht am Bahnhof zurückgeblieben, sondern hat sich heimlich, still und leise mit an Bord geschlichen. Seine Antwort lässt wie immer auf sich warten. Wahrscheinlich hockt er in irgendwelchen wichtigen Meetings und ist kurz davor, die Welt zu retten. Zum Glück habe ich einen Verbündeten in der Firma meines Mannes, der mir mitteilen kann, wie Mark heute Morgen gelaunt war. Fredi arbeitet ebenfalls in dem Bauunternehmen, das unseren Lebensunterhalt finanziert. Er und Mark haben vor ein paar Jahren um die gleiche Beförderung konkurriert. Letztendlich hat mein Mann nur deswegen das Rennen gemacht, weil ich zufällig schwanger wurde und er mich geheiratet hat. Ehefrauen und Kinder sind in der Firma durchaus erwünscht. Als Anhängsel, wohlgemerkt, nicht in arbeitender Funktion. Da sich Fredi bisher weder vor seiner Familie noch vor seinem Arbeitgeber geoutet hat, musste er mitansehen, wie der fachlich Schwächere die Lorbeeren erntete.

Mein Handy piepst. Die Message von Fredi ist eingegangen. *Mein lieber Scholli, ist der scheiße drauf!*

Seine Antwort gefällt mir. Soll Mark ruhig am eigenen Leib erfahren, was es heißt, ein allmorgendlich schlecht gelauntes Kind pünktlich im Kindergarten abzugeben und anschließend noch Nerven für den Rest des Tages zu haben.

Wie ist die Fahrt?, schickt er hinterher.

Lang, antworte ich. *Sitze im Bordrestaurant und trinke Wein. Mein Magen ist noch nüchtern – ich nicht mehr;-)*

Cheerio, Miss Kraus. Muss ins nächste Meeting mit deinem schlecht gelaunten Mann. Küsschen, bis später.

Fredi ist ein wahrer Schatz. Würde man mich vor die Wahl zwischen Mark und ihm stellen, müsste ich mich gezwungenermaßen für Mark entscheiden, um meiner Tochter den Vater zu erhalten. Seit Jahren müssen Sabine, Charlie und ich dabei zusehen, wie Fredi leidet. Seine wahre Liebe lebt er heimlich, da es in der Von-Fürstenfeld-Familiendynastie keinen Platz für Homosexualität gibt. Zusammenhalt misst sich dort an Verpflichtungen und dem Erhalt von Traditionen. Es war schon ein Skandal, dass Fredi nach dem Studium einen Job in einer anderen Firma angenommen hatte und nicht direkt in das Familienunternehmen eingestiegen war. Seitdem bereitet er seinen Sprung in die finanzielle und emotionale Unabhängigkeit vor. Alessandro macht das seit zwei Jahren mit. Die beiden lieben sich abgöttisch, aber öffentlich dazu zu stehen, schafft Fredi nicht. Noch nicht, wie er immer wieder betont, und so werden wir seinen Leidensweg wohl noch eine Weile begleiten.

Nach dem zweiten Glas Weißwein kurz vor Hamburg kehre ich an meinen Platz zurück. Claire schläft, bis ich sie anstupse, da wir umsteigen müssen.

Als wir um kurz vor vier mit dem Bummelzug in Flensburg ankommen, ist meine Laune im Keller. Wir müssen jetzt allen Ernstes noch mit dem Mietwagen weiterfahren. Der Alkohol vom Vormittag ist zwar verpufft, Claire will aber trotzdem nicht, dass ich fahre. Die Hüterin der Straßenverkehrsordnung höchstpersönlich übernimmt das Steuer, was bedeutet, dass wir für die vom Navigationssystem angegebenen siebenundzwanzig Minuten mindestens fünfzig brauchen werden. Claire schafft es, sich trotz Navi und meiner Einmischung ein paar Male in Flensburg zu verfahren, und jetzt gurken wir seit einer knappen halben Stunde über die gottverlassene, stockdunkle Landstraße. Der einsetzende Nieselregen lässt sie das Fahrtempo noch weiter runterdrosseln. Jetzt weiß ich, wohin Christian Anders in seinem Zug nach Nirgendwo unterwegs war: hierher! Hier draußen befindet sich weit und breit: nichts! Die Häuseransammlungen, an denen wir vorbeifahren, kann man beim besten Willen nicht als Dörfer bezeichnen und der Rest der Landschaft versteckt sich im Dunkeln. Wenn das morgen Früh mal kein böses Erwachen gibt. Was genau mache ich hier eigentlich?

Wir passieren ein Ortsschild mit komischem Namen, das verrät, dass wir unser Reiseziel erreicht haben. Nach über zwölf Stunden! Das tue ich mir kein zweites Mal an und beschließe, übermorgen mit dem Flieger nach München zurückzureisen.

Hotels gibt es hier draußen natürlich keine. Stattdessen parken wir vor einem halbherzig beleuchteten Haus, das seine besten Jahre bereits hinter sich hat und bei dem es sich dem Namen nach um die Dorfkneipe handeln muss. Das Leuchtschild ›Zimmer frei‹ im schmierigen Fenster der Ankerklause überrascht mich nicht. Wer kommt schon freiwillig hierher?

Beim Betreten der Gaststätte schlägt mir Fischgeruch entgegen, der sich mit Bierdunst vermischt. Hinter dem Tresen steht ein älterer, stämmiger Mann mit grauem Vollbart und einer Pfeife in den Mundwinkeln, die dort festgewachsen scheint. Er trägt eine Schiffermütze und einen blauen Strickpulli. Alles an ihm erinnert mich an Käpt'n Iglo. Das Rauchverbot in geschlossenen Räumen scheint hier offensichtlich noch nicht angekommen zu sein, was aber niemanden interessiert, weil keiner da ist. Nur Claire, ich und der Bier zapfende Kapitän.

»Moin. Habt ihr es endlich geschafft?«, begrüßt der uns.

»Wie bitte?«, verstehe ich nicht.

»Ihr seid doch die Mädels vom Peter aus München.«

Claire und ich tauschen überraschte Blicke aus.

»Euer Zimmer ist oben, erster Stock«, fährt er fort, ohne unsere Antwort abzuwarten. »Beerdigung ist morgen um zehn, Adresse vom Friedhof liegt auf dem Bett.« Der Namenlose schiebt einen Schlüssel mit Ankeranhänger aus Plastik über den Tresen. Wie originell! Für ihn scheint die

Unterhaltung damit beendet zu sein. Kein Wunder, dass mein wortkarger Vater sich hier wohlgefühlt hat.

Wir beziehen unser Zimmer, das durch seine Schlichtheit besticht. Ein Doppelbett, zwei Nachttische, ein Schrank. Alles maximal funktional und null Schnickschnack, der darauf hindeuten könnte, in welcher Region Deutschlands wir uns befinden. Nicht einmal Bilder hängen an den kahlen Wänden. Es könnte ebenso gut der Ruhrpott sein. Das integrierte Fertigbad wurde nachträglich eingebaut. Es ist so klein, dass man sich vom Klo direkt in die Dusche fallen lassen kann, ohne einen einzigen Schritt zu machen. Die Wände dieser Badezimmerkonstruktion sind aus Plastik und du hörst jeden Furz. Ich könnte heulen. Stattdessen bringe ich meine paar Klamotten in der einen Schrankhälfte unter und gehe duschen.

»Lass uns unten ein Bier trinken«, fordert mich Claire nach meiner Grundreinigung auf.

»Was? Du willst dich in dieses stinkende Loch da unten hocken? Ich habe doch nicht den Dreck des Tages von meinem Körper geschrubbt, um mich direkt wieder mit Fischgestank einzuräuchern«, bin ich wenig begeistert von dem überraschenden Vorschlag meiner Schwester.

»Es ist schon so lange her, dass ich richtig aus war. Ohne Familie und nörgelnde Kinder. Bitte!«

»Ausgehen? Das da unten ist das Abstellgleis für gestrandete Existenzen am Rande jeglicher Zivilisation. Da gesellt man sich doch nicht freiwillig dazu!«

»Zum Schlafen ist es zu früh, einen Fernseher gibt es nicht und Netz auch keins.«

Na toll. Kein Netz, kein Netflix.

Zehn Minuten später stehen wir also wieder am Tresen der Gaststätte, in der mittlerweile vereinzelt ein paar Menschen sitzen. Die haben wohl auch keinen Fernseher, dafür aber den gleichen Modegeschmack. Alle tragen entweder dunkelblaue Strickpullover oder gestreifte Fischerhemden. Mit meiner weißen Jeans, dem beigen Kaschmir-Cardigan und den darauf farblich abgestimmten Uggs komme ich mir vor, wie ein Leuchtturm. In den dunklen Farben ihres figurneutralen Outfits passt Claire wesentlich besser in diese nordisch-düstere Szenerie. Bis auf eine weitere weibliche Bedienung sind wir die einzigen Frauen. Das nennt sich dann wohl Frauenquote auf Norddeutsch! Wir bestellen unser Bier und erhalten jeweils einen Schnaps dazu. Das gehöre sich so, klärt uns Käpt'n Iglo auf, das eine ginge hier nicht ohne das andere. Drei Biere später weiß ich auch, warum: Ich finde das alles hier ganz und gar nicht mehr grausam. Der Geruch in meiner Nase hat sich neutralisiert, das versiffte Ambiente nehme ich nur noch verschwommen wahr und selbst über die Bemerkungen meiner Schwester kann ich lachen. Beim vierten Bier steige ich allerdings aus und auf Cola um, während Claire gnadenlos weiterzieht.

»Weißt du«, lallt die mittlerweile, »ich beneide dich, Schwesterchen. Du hast es sooooo gut, schon immer.«

»Wie meinst du das?«

»Alles und jeder kümmert sich um dich. Das ist der Vorteil, wenn du die kleine Schwester bist. Das Los der Erstgeborenen habe ich gezogen, aber keine Sorge, ich habe mich wirklich gerne um dich gekümmert, tue es immer noch. Isso! Das kriegst du nicht mehr raus aus der Große-Schwester-DNA. Und wenn du dich dann nicht mehr um die kleine Schwester kümmern musst, kümmerst du dich um deinen Mann, deine Kinder, deine Nachbarn, deine Schwiegereltern, den Fußballverein, und, und, und. Kümmern, kümmern, kümmern, immer nur kümmern. Scheiß Kümmerei«, spuckt sie die Worte verächtlich aus und kippt ihren Schnaps auf ex.

So habe ich das noch nie gesehen. Gefühlt hat Claire mich ein Leben lang bevormundet, während sie sich in ihrer Welt lediglich um mich sorgte. Ich streichle etwas unbeholfen über ihren Rücken. Im Kümmern kenne ich mich nicht so gut aus, zumindest nicht bei Erwachsenen. Mit Lilly ist das etwas anderes, sie ist mein Kind, da funktioniert das automatisch.

»Und wenn du dich einfach ein bisschen weniger kümmern würdest?«, fällt mir gerade nichts Besseres ein.

»Dann habe ich gar nix mehr und muss mich um mich selbst kümmern. Aber wie? In den vergangenen Jahren war ich so sehr damit beschäftigt, mich immer nur um andere zu kümmern, dass ich völlig vergessen habe, wie das geht. Ist das nicht furchtbar?«

Ja, das ist es, denn jetzt fängt meine große Schwester in aller Öffentlichkeit an zu heulen. Das ist Kümmern für Fortgeschrittene, aber so weit bin ich noch nicht. Hilfe! Bedienungen scheinen darin besser ausgebildet zu sein, die steht nämlich direkt mit dem Folgeschnaps an unserem Tisch. Den Grund für Claires Tränen hat sie auch parat. »Tod ist immer schlimm. Geht aber vorbei«, stellt sie ihr das Glas direkt vor die Nase und geht wieder. Die denkt, Claire weine wegen unseres verstorbenen Vaters.

Den hatte ich ganz vergessen. Den gibt es nicht mehr. Weg. Ausgelöscht. Für immer. Mein einziges bisschen Kernfamilie ist jetzt Claire. Unsere Mutter zählt nicht, die ist viel zu sehr mit sich selbst beschäftigt. Das war sie schon immer, weswegen sie sich auch nicht um uns kümmern konnte. Das hat Claire übernommen. Wenn ich darüber nachdenke, war sie es, die immer für mich da war. Egal wann. Auch an dem Tag, als unser Vater morgens im Flur stand, mit seinem Koffer in der rechten Hand, und einfach zur Tür rausging, ohne ein einziges Wort zu sagen. Nicht einmal ein ›Auf Wiedersehen‹ gab es für uns. Nichts. Das war der Moment, in dem Claire erwachsen wurde. Ich war sechs, sie acht. Ich blieb Kind, sie nicht.

Meine Schwester kippt den hochprozentigen Seelentröster hinunter und beginnt zu erzählen. Von ihrer Ehe mit dem spießigen Versicherungsfachmann, der im Bett wahre Wunder vollbringt, auch und im Gegensatz zu meinem Mann, in völlig nüchternem Zustand. Von ihren beiden Kindern, die sie gelegentlich gerne auf eBay versteigern möchte, weil sie ihr den letzten Nerv rauben, und wie es dann nur ein einziges kindliches Lächeln braucht, um zu wissen, dass diese kleinen Biester ihre größten Schätze auf Erden und die beste Leistung in ihrem ganzen Leben sind. Von ihrem inneren Schweinehund, den sie nicht besiegen kann, obwohl der jetzt einen Namen hat, wie von schlauen Ratgebern empfohlen wird. Jean-Claude sieht in ihrer Vorstellung aber so gut aus, dass sie ihn gar nicht mehr loswerden will und daher auf ihren Kilos sitzen bleibt – wortwörtlich. Ich erfahre von Träumen und Visionen aus ihrer Jugend, von denen ich keinen blassen Schimmer hatte. Von ihrer Sehnsucht nach fremden Ländern und Kulturen, die sie nur aus Pro7-Galileo-Reportagen kennt, und dass sie heimlich Mandarin lernt, was ihr Mann aber nicht erfahren darf, weil der sonst Minderwertigkeitskomplexe kriegt, aber keinen mehr hoch. Und von dem Wandel, der sich mit den Geburten ihrer Kinder vollzogen hat und aus ihr eine Vollblutmutter machte. Sie sei von Anfang an so verliebt in ihre Kinder gewesen und könne sich heutzutage nichts Schöneres mehr vorstellen, als genau das Leben, das sie aktuell führt. Bis auf die eBay-Momente eben oder wenn sie Reportagen über ferne Länder im Fernsehen sieht. Dann ergreift sie für einen klitzekleinen Moment die Melancholie und sie sinniert über ein Leben, das sie nie hatte und auch niemals haben wird.

Ich unterbreche Claire nicht. Es sprudelt nur so aus ihr heraus, genau wie ihre selbst geschmierten Brote vom Vormittag, die sie eine halbe Stunde später in der Plastikzelle auf unserem Zimmer in die Toilette erbricht. Dabei halte ich ihre Stirn, wische zwischendurch ihren Mund mit einem kalten Waschlappen und warte geduldig neben ihr sitzend die nächste Kotzwelle ab. Jetzt ist es an mir, mich mal um meine große Schwester zu kümmern.

Das hat sie sich verdient.

In ziemlich genau zwei Stunden findet die Beerdigung unseres Vaters statt. Claire schnarcht neben mir und sieht nach dem gestrigen Saufgelage selbst mit Schlafmaske völlig lädiert aus. Da werden weder Make-up noch Concealer helfen, nur eine riesige Sonnenbrille oder Magdas polnische Wunderpille, aber an die habe ich nicht gedacht. Es konnte ja keiner ahnen, dass wir uns ausgerechnet hier die Kante geben. Mein Schädel brummt. Wie muss es erst meiner Schwester gehen, die locker das Doppelte getrunken hat?

Sehr schlecht. Sie weigert sich aufzustehen. Es klopft.

»Zu laut!«, krächzt Claire unter der Decke hervor, die sie sich über den Kopf gezogen hat.

Ich öffne die Tür und staune nicht schlecht, als mir der Kapitän persönlich einen Teller mit Essiggurken und einem voll beladenen Fischbrötchen in die Hand drückt. Aus seiner Hosentasche zaubert er noch einen Blister. »Zwei

Stück davon und sie ist wieder fit. Nimm du auch eine. Kann nicht schaden.« Dann dreht er sich um und geht. Kurz und knapp. Monolog statt Dialog. Aber das bin ich mittlerweile von ihm gewohnt.

Ich schaffe es, Claire einer Dusche zu unterziehen, den Matjes mit rohen Zwiebeln in sie hineinzustopfen und sie dazu zu überreden, trotz fehlendem Beipackzettel die Tabletten zu schlucken. Wenn ich bis jetzt die polnische Droge von Magda überlebt habe, dann ist die norddeutsche hier im Vergleich garantiert homöopathisch.

Eine Stunde später sind wir abfahrbereit und unsere Köpfe fast schmerzfrei. Das Steuer überlässt Claire dennoch lieber mir und so erreichen wir ohne Umwege und fünf Minuten früher als angegeben unser Ziel, den Friedhof.

Es herrscht bestes Beerdigungswetter: nebelig und grau. Dazu Menschen, die allesamt in Schwarz gekleidet und langsamen Schrittes mit gesenkten Köpfen in Richtung Friedhofskirche laufen. Also, wer nicht schon tot ist, will es spätestens jetzt sein.

Beim Betreten der Kirche bin ich erstaunt, wie viele Menschen anwesend sind. Jemanden aus der Nachbarschaft zu begraben, scheint hier ein richtiges Social Event zu sein. Wahrscheinlich sind die alle heilfroh, dass sie es nicht selbst sind, die dort vorne im Sarg am Altar liegen.

Wir wollen uns gerade in eine der hinteren Reihen verkriechen, als plötzlich eine Frau neben uns auftaucht und sagt: »Ihr sitzt vorne, Mädels. Kommt mit.«

Anhänger großer Worte und Erklärungen sind die Menschen hier wirklich nicht und Smalltalk scheint ein Fremdwort für sie zu sein. Claire und ich folgen brav und werden VIP-mäßig in der Front Row platziert. Die Frau verabschiedet sich ohne ein Wort und ich frage mich, ob wir jemals erfahren werden, wer das war und woher sie uns kennt, denn jeder scheint zu wissen, wer wir sind.

Als Letzte setzt sich eine Person links neben mich auf den noch einzig freien Platz, und obwohl es über zwanzig Jahre her ist, dass ich sie das letzte Mal gesehen habe, erkenne ich in ihr sofort die Frau, die jetzt eine Witwe ist. Die Frau, welche die letzten vierundzwanzig Jahre mit dem Mann verbrachte, der sich mein Vater nannte und der nun da vorne in der Holzkiste liegt. Sie begrüßt uns kopfnickend. Das war's. Und wieder frage ich mich: Warum bin ich hier?

Die Trauerfeier dauert keine zwanzig Minuten. Das nenne ich konsequent. Wortkarg bis in den Tod und darüber hinaus. Nur das Nötigste. Keine ausschweifenden Reden. Nicht einmal die Witwe hat etwas zu sagen, beugt sich aber am Ende der Zeremonie und kurz vor dem Auszug aus der Kirche zu uns herüber und flüstert: »Ihr seid da. Das ist gut. Wir reden nachher.«

Dann müssen wir uns auch schon erheben und hinter dem Sarg herlaufen. Es geht alles so schnell, dass ich mit dem Trauern gar nicht hinterherkomme. Trauere ich überhaupt? Um wen? Einen Menschen, der mich nicht wollte.

Einen Elternteil, den ich nicht kannte. Ich schweige und Claire auch, wobei ich mir nicht ganz sicher bin, ob sie nachdenkt oder ob ihr einfach nur schlecht ist.

Der Sarg wird in die Erde gelassen, Blumen werden draufgeworfen – schweigend und ohne Worte, wie auch sonst - und damit ist der Friedhofspart beendet. Der Leichenschmaus findet zehn Kilometer entfernt in einer anderen Ortschaft statt. Und so fahren wir wieder durchs Nirgendwo an reifbedeckten Feldern vorbei, erreichen besagte Ortschaft, werden durch sie hindurchgeleitet, was bei einer einzigen Durchfahrtsstraße kein Kunststück ist, um wieder aus ihr herauszufahren. Dann fordert mich das Navigationssystem auf, in die ›Straße ohne Namen‹ abzubiegen und weiter geradeaus zu fahren. In zwei Kilometern haben wir das Ziel erreicht, es befindet sich auf der rechten Seite. Dort steht einsam und allein ein rotes Backsteinhäuschen mit Reetdach. Mit seinen weißen Sprossenfenstern und der Friesentür macht es einen freundlichen Eindruck und man erkennt sofort, dass es über die Jahre in Schuss gehalten und gepflegt wurde. Als ich aus dem Wagen steige, empfangen mich das laute Getöse der Ostsee und deren typischer Salzgeschmack in der Luft. Ich halte mich mit beiden Händen am oberen Rahmen der geöffneten Fahrertüre fest und nehme mit geschlossenen Augen einen tiefen Atemzug. Meine Lungen füllen sich mit Kälte, die mir erstaunlicherweise nicht weh-, sondern guttut. Als ich die Augen wieder öffne, blicke ich über das Autodach nach rechts rüber zu

Claire, die ebenfalls wie angewurzelt dasteht und auf das Meer hinausschaut. Als sich unsere Blicke treffen, müssen wir beide lächeln. Dann schlagen wir wie die Kommissare eines Tatort-Krimis synchron die Wagentüren zu und gehen gemeinsam zum Haus.

Die Eingangstür ist nicht verschlossen und wir betreten den Flur, ohne zu klingeln. Drinnen empfängt uns eine wohltuende Wärme. Alles sieht neu aus, als wäre gerade frisch renoviert worden. Das gesamte Haus ist mit Naturholzboden ausgelegt und ein paar großflächige Teppiche sorgen zusätzlich für Gemütlichkeit. Blau- und Beigetöne bestimmen die Einrichtung und selbst die Möbel erwecken den Eindruck, als wären sie gerade erst geliefert worden. Wahrscheinlich handelt es sich um ein Ferienhaus, das extra für den heutigen Anlass angemietet wurde, denn es gibt nirgendwo Hinweise in Form von persönlichen Bildern, dass hier einst mein verstorbener Vater mit seiner Frau gelebt haben könnte. Im Eingangsbereich hängen bereits ein paar schwarze Mäntel an der Garderobe, allerdings wesentlich weniger, als Menschen in der Kirche waren. Ich vermute daher, dass nur der engste Familienkreis zum Leichenschmaus eingeladen wurde. Claire und ich inklusive.

Henriette kommt aus der Küche heraus und auf uns zu. Die Mundwinkel von Angela Merkel hat sie immer noch, genauso wie die Ausstrahlung einer grauen Maus, die heute Schwarz trägt. »Es ist schön, dass ihr gekommen seid«, begrüßt sie uns. Wow! Das grenzt hier in der Gegend schon an eine Liebeserklärung und ich bin fast ein wenig ergriffen. Sie bietet uns Essen vom Buffet an, das hauptsächlich aus Fisch und Essiggurken besteht. Ob die gestern auch gezecht hat? Wohl kaum. Dazu gibt es Tee, Bier und natürlich Schnaps. Wir kommen nicht drum rum, wenigstens einen zu nehmen, und ich bin überrascht, dass der schon wieder schmeckt. Unter den Trauergästen entdecke ich Käpt'n Iglo mit seiner Bedienung sowie die Unbekannte aus der Kirche, die Claire und mich zu unseren Plätzen geführt hat. Dann sind da noch der Pfarrer und drei weitere Personen, die mir weder namentlich noch optisch etwas sagen. Wie auch. Ich komme mir vor wie ein Fremdkörper in dieser völlig anderen Welt. Geografisch und emotional trennen mich Lichtjahre von den Menschen, die ihr Leben mit meinem Vater geteilt haben und mit denen ich jetzt in einem Haus am Arsch der Welt feststecke. Was wird von mir erwartet? Wie soll ich mich verhalten? Und was hat es mit diesem ominösen Testament auf sich, weswegen wir hier sind? Ob es wohl unangebracht wäre, danach zu fragen und sich dann höflich wieder zu verabschieden? Ich verstehe das alles nicht. Claire dagegen scheint das weniger zu beschäftigen, sie entdecke ich bei meinem kleinen Streifzug durchs Haus in eine Unterhaltung mit der Henriette vertieft. Verräterin!

Kurz darauf werde ich darüber informiert, dass der Notar soeben eingetroffen sei und wir uns jetzt nach nebenan ins Arbeitszimmer zurückziehen können. Gesagt, getan, und

Henriette schließt die Türe, sodass wir vom Rest der kleinen Trauergesellschaft abgetrennt sind. Der Herr Petersen, wie er sich uns vorstellt, setzt sich an den Schreibtisch, Henriette, Claire und ich nehmen in einer äußerst bequemen Sitzecke Platz. Wäre der Anlass nicht so morbide, könnte man die Atmosphäre glatt als kuschelig bezeichnen. Im Raum befindet sich ein Kamin, in dem ein Feuerchen prasselt, und es liegen Kuscheldecken über den Lehnen des Landhaussofas, auf dem Claire und ich nebeneinandersitzen. Die gläserne Flügeltüre zum Garten gibt den Blick auf das Meer frei. Das ist jetzt aber Rosamunde-Pilcher-Feeling pur.

Der Petersen will gerade das Wort an uns richten, da hebt die Henriette ihre Hand wie ein Schulkind und bittet um Aufmerksamkeit. Sie sitzt links neben uns in einem Ohrenbackensessel mit Schemelchen, auf dem sie ihre Füße abgestellt hat. »Bevor es offiziell verlesen wird, möchte ich etwas sagen.« Sie lässt ihre erhobene Hand langsam und bedächtig zurück in den Schoß sinken. Dann wendet sie sich an uns und fährt fort. »Euer Vater war ein guter Mann. Er hatte ein gutes Herz. Mühe gegeben hat er sich, im Rahmen seiner Möglichkeiten. Er war ein guter Mann, aber kein guter Vater. Das hat er gewusst und das hat ihn fertiggemacht, all die Jahre. Er war kein guter Vater und ich habe auch Schuld daran. Hätte damals mehr für euch tun müssen, dafür, dass er sich mehr bemüht. Hab ich aber nicht. Das war nicht richtig und es tut mir leid. Geliebt hat er euch, der

Peter. Nur zeigen konnt' er es nicht. Versucht hat er es. Kam aber nie 'ne Antwort, auf die Briefe. Angerufen hat er auch, aber abgewimmelt wurde er. Egal, da müsst ihr mit eurer Mutter drüber reden. Geliebt hat er euch, auf seine Art. Bis zum Schluss, Mädels, hört ihr? Bis zum Schluss! Kurz bevor sie ihn in seine letzte OP geschoben haben, hat er meine Hand plötzlich festgehalten und gemeint: »Sag das meinen Mädels, hörst du? Sag es ihnen.« Danach war er tot. Als ob er es geahnt hätte, der Peter. Ein guter Mann war er, euer Vater. Das sollt ihr wissen. Und jetzt lies, Klaus.«

Und dann liest der Klaus das Testament vor, noch bevor ich überhaupt Zeit habe, das Gesagte richtig zu verarbeiten. Claire und ich sitzen da wie angewurzelt und lauschen seinen Worten. Ich verstehe nur die Hälfte. Was hängen bleibt, sind Haus und Grundstück. Meine Schwester und ich erben ein Haus und das dazugehörige Grundstück. Ich wusste nicht einmal, dass mein Vater ein Haus hatte. Woher auch, ich wusste schließlich gar nichts. Bis heute. Bis gerade eben. Bis ich erfahren habe, dass mein Vater mich, uns, nie vergessen hat. Bis zum Schluss. Müsste ich jetzt nicht weinen? Geht aber nicht. Claire fasst sich als Erste wieder und stellt Fragen. Die hat ebenso wenig begriffen wie ich. »Henriette, ich verstehe das alles nicht. Welches Haus?«

»Dieses Haus«, erklärt Henriette. »Und nennt mich bitte Henni. Henriette hat schon seit Ewigkeiten kein Mensch mehr zu mir gesagt. Das klingt so alt. Haben die letzten

Jahre hier verbracht. War schön. Ruhig, weit weg vom Schuss, kein Durchgangsverkehr. Das mögen ... mochten wir. Haben kurz vor seinem Tod noch alles renovieren lassen. Und auch neue Möbel gekauft. Und dann war er plötzlich tot. Na ja. Dafür habt ihr es jetzt schön. So wie er es wollte, euer Vater.«

»Und was ist mit dir? Willst du nicht hierbleiben, Henni?«, bin jetzt ich überrascht.

»Ne. Viel zu einsam so ganz alleine hier. Erinnert mich alles an meinen Peter. Ich gehe nach Hamburg. Da sind meine Kinder und die haben eine Einliegerwohnung für mich. Das reicht mir. Mehr brauche ich nicht. Und es ist weit weg von den ganzen Erinnerungen hier. Ostsee hatte ich lange genug, mache ich jetzt mal Nordsee.« Und bei den Worten huscht der Henni tatsächlich ein klitzekleines Lächeln übers Gesicht, was ihre Angela-Merkel-Mundwinkel für den Bruchteil einer Sekunde neutralisiert.

»Wo sind die überhaupt, deine Kinder? Sollten wir die nicht kennenlernen?«, fragt Claire.

»Ne. Haben gesagt, dass das euer Tag ist, um sich vom Peter zu verabschieden. Die hatten ihren Abschied schon. Waren heute kurz in der Kirche und sind anschließend direkt wieder zurück nach Hamburg gefahren.«

Wow! Jetzt kann ich meine Stiefgeschwister nicht einmal hassen. Die räumen freiwillig das Feld und sorgen somit dafür, dass wir uns zusätzlich nicht auch noch mit ihnen auseinandersetzen müssen. Nun gut, dafür hatten die auch vierundzwanzig Jahre Vorsprung mit meinem leiblichen Vater. Und auch die Henni macht es mir schwer, sie noch zu hassen. Denn diese Frau hat ihren Mann verloren. Und sie trauert. Das erkenne selbst ich.

Claire und ich müssen ein paar Formulare unterschreiben und erhalten die Schlüssel. Dann ist es unser Haus. Alles wurde im Vorfeld bereits geregelt. Sogar ins Grundbuch sind wir schon eingetragen und die Steuerangelegenheiten übernimmt zukünftig der Klaus Petersen.

Mein erster Gedanke als frischgebackene Hausbesitzerin? Ich könnte die jetzt alle rausschmeißen, wenn ich wollte. Hausrecht nennt sich das. Stattdessen gesellen wir uns zurück zu den unbekannten Menschen im Wohnzimmer, die wir nun kennenlernen dürfen, da wir ab sofort notariell beglaubigt und offiziell dazugehören. Käpt'n Iglo und seine Bedienung sind seit über dreißig Jahren verheiratet und heißen Hannes und Helga. Sie betreiben die Ankerklause in dritter Generation und bemängeln die Landflucht. Das ist auch der Grund, weshalb sie seit Jahren nicht mehr in ihren Laden investiert haben und über Schließung nachdenken. Die Unbekannte aus der Kirche ist Hennis Schwester. Ich wusste nicht, dass sie überhaupt eine hat, aber das ist ja kein Wunder, wusste ich bis gerade eben so gut wie gar nichts. Antje wohnt auch in der Nähe von Hamburg und freut sich als betrogene und geschiedene Ex-Ehefrau auf den gemeinsamen, männerfreien Ruhestand mit Henni. Bei den restlichen dreien handelt es sich um den ortsansässigen

Metzger, die Bäckerei-Chefin und den Bürgermeister. Die müssen immer eingeladen werden, egal ob zu Hochzeiten, runden Geburtstagen oder eben Beerdigungen. Mit denen darf man es sich hier draußen nicht verscherzen, sonst ist das Fleisch auf Dauer unerschwinglich, sind die Brötchen ständig ausverkauft und Anträge im Bürgerbüro auf seltsame Weise verschwunden.

Der Dorffunk funktioniert einwandfrei, auch ohne WLAN. Alle wissen sie Bescheid. Schon lange vor uns, aber jetzt ist es amtlich und offiziell. Man kondoliert uns und verabschiedet sich. Ende der Vorstellung für heute.

Claire und ich gehen kurz nach den anderen Gästen. Henni verbringt die letzte Nacht im Haus mit ihrer Schwester und wird morgen nach Hamburg ziehen. Damit ist dieses Kapitel für sie beendet.

Dass dieser Ort den Wendepunkt in meinem Leben markieren wird, ahne ich zum heutigen Zeitpunkt noch nicht.

Kapitel 3

Anders als geplant fliege ich nicht Kurzstrecke, sondern fahre mit Claire im Zug den ganzen Weg nach München zurück. So lange kommt er mir gar nicht mehr vor. Im Gegenteil, die gefahrene Zeit vergeht wie im Flug. Das Bordrestaurant besuchen wir gemeinsam, wo wir die Ereignisse der vergangenen zwei Tage bei ein paar Bieren besprechen. Dank Hannes' Wundertablette können wir wieder trinken beziehungsweise immer noch. So richtig aufgehört haben wir damit ja eigentlich nicht. Aber wie würde Sabine jetzt sagen? Der Zweck heiligt die Mittel.

Apropos.

Ich checke meine Nachrichten, wozu die letzten vierundzwanzig Stunden kaum Zeit war. Meine Freunde nehmen mir das ganz und gar nicht übel. Sie hoffen, dass es mir gut geht, sind in Gedanken bei mir und freuen sich auf die ausführliche Berichterstattung am Montagabend bei Giovanni, unserem Stammitaliener. Etwas anders verhält es sich dagegen mit meinem Ehemann, der mir versichert, dass er nie wieder mehrere Tage alleine mit Kind verbringen wird und wir zukünftig andere Lösungen für derartige ›Zwischenfälle‹ finden müssen. Na toll! Auf die Diskussion freue ich mich schon und trinke daher noch ein Bier.

Zu Hause angekommen, springt mir meine Tochter in die Arme und direkt ins Herz. Es ist zwar schon nach zwanzig Uhr und somit längst Schlafenszeit für sie, aber daran ist nicht im Entferntesten zu denken. Ich nehme Lilly an die Hand, bringe sie in ihr Bett und muss ausführlich berichten, wo ich am Wochenende war und warum ich so lange verreisen musste. Und dort oben, in ihrer kleinen, heilen Kinderwelt, weine ich das erste Mal um den Verlust meines Vaters.

Der anschließende Streit war vorprogrammiert, und zwar schon lange vor dem Tod meines Vaters. Aber jetzt ist die Gelegenheit für meinen Mann. Völlig erschöpft von den Ereignissen und der langen Reise falle ich am Esstisch zusammen und schenke mir ein Glas Wein ein. Ich bin jetzt eine Halbwaise. Selbst wenn ich es gefühlt schon vorher war, so legt sich der Schatten dieser plötzlichen Erkenntnis wie eine bleierne Decke auf meine Schultern. Und genau in diesem Moment holt er aus. Sein Schlag trifft mich mit voller Wucht.

»Wie stellst du dir das zukünftig vor, Karin?«

»Wie bitte?«

»Ich mache doch hier nicht die Kinderbetreuung, während du dich in irgendwelchen Dorfspelunken volllaufen lässt!«

»Was?«

»Mein ganzes Wochenende war ich damit beschäftigt, deine Tochter zu bespaßen. Und weißt du, was mir dabei aufgefallen ist? Du könntest ruhig etwas konsequenter in deiner Erziehung sein, Karin. Das hat selbst meine Mutter bestätigt.«

»Deine Mutter?«

»Sie musste extra aus Regensburg herkommen, damit ich wenigstens mal fünf Minuten für mich habe.«

»Aber warum hast du nicht nebenan bei Sabine geklingelt? Die hat doch extra ihre Unterstützung angeboten.«

»Ich vertraue meine Tochter doch nicht deiner Alkoholikerfreundin an!«

»Ach, auf einmal ist es wieder DEINE Tochter?«

»Sei nicht so kleinlich, Karin. Ich bin schließlich ganz schön großzügig, im Vergleich zu anderen Männern. Die würden das alles nicht mitmachen, da kenne ich ganz andere Beispiele, das kannst du mir glauben!«

»Meinst du etwa die Chauvinisten aus deiner beschissenen Baufirma, die allesamt in den Fünfzigern des letzten Jahrtausends stecken geblieben sind?«, werde ich laut.

»Vorsicht, Karin! Ganz dünnes Eis! Die finanzieren uns den gesamten Lebensunterhalt und du hast es einzig und allein meiner Toleranz zu verdanken, dass ich deinen schwulen Fredi nicht schon längst an die Geschäftsführung verpfiffen habe! Dass er nach wie vor seinen Job hat, verdankt er allein mir.«

»Ich habe meinen Job aufgegeben, um mich um unser Kind zu kümmern! Zählt das etwa nicht?«, schnappe ich fast über.

»Ich bitte dich! Verkäuferin in Teilzeit in der Pseudo-Edelboutique deiner Millionärsfreundin. Das war doch kein Job, sondern Beschäftigungstherapie. Von deinem symbolischen Gehalt konnten wir nicht einmal die Lebensmittel für einen Monat bezahlen, ganz zu schweigen von der Hypothek auf das Haus.«

»Das ist nicht fair, Mark!«

»Das Leben ist nicht fair, Karin. Es gibt aber ganz klare Spielregeln. Und wenn du glaubst, dass ich morgen Abend schon wieder den Babysitter spiele, während du dich mit deinen Freunden beim Italiener vergnügst, dann hast du dich aber geirrt. Finde eine Lösung oder bleib zu Hause.«

»Prima. Das sage ich dir auch das nächste Mal, wenn du wieder bis spät in die Nacht mit deiner tollen Maren beim After-Work unterwegs bist!«

»Das nennt sich netzwerken und Geschäftsbeziehungen pflegen. Aber davon hast du ja keine Ahnung, Karin. Also lass es gut sein.«

Das lasse ich auch, weil meine Kräfte am Ende sind. Ich kann nicht mehr. Nicht heute.

Wie immer nach solchen Auseinandersetzungen, schlafen wir getrennt. Das kommt in letzter Zeit häufig vor.

Lilly übernachtet heute bei Claire und ich gehe, wie jeden Montag, am Abend zum Italiener mit meinen Freunden. Da hat sich mein lieber Göttergatte schön ins eigene Fleisch geschnitten. Meine Schwester wohnt nur zwei Häuser weiter und die beste Freundin direkt nebenan, das setzt ihn jedes Mal Schachmatt, wenn er, wie gestern, die Macho-Karte zieht. Hätte er sich früher überlegen sollen, bevor wir hierhergezogen sind. Die spießige Reihenhaussiedlung in der Münchener Vorstadt war letztendlich seine Entscheidung. Nur weil das Haus zufällig freistand, hätten wir noch lange nicht zuschlagen müssen. Aber nein, das passte damals gerade so gut in Marks Beförderungspläne und bot, im Vergleich zu der Schwabinger Zweizimmerwohnung, das passendere Ambiente für zukünftige Essenseinladungen an seine Chefs samt Ehefrauen. Meine angeblich selbst gekochten Abendessen für besagte Geschäftsessen beziehe ich übrigens vom Gustl. Der ist Gastronom, kocht leidenschaftlich gerne, verdient sich damit eine goldene Nase und zählt zu meinem engeren Freundeskreis, seitdem er mich vor über vier Jahren an Weihnachten mit geplatzter Fruchtblase in seinem Lieferwagen ins Krankenhaus gefahren hat. Das verbindet. Außerdem ist er Fredis Patenonkel und somit quasi Familie für mich. Wären wir nicht miteinander verwandt und Gustl in meiner Altersklasse, würde ich ihn glatt heiraten.

Die Neuigkeiten über mein unerwartetes Erbe versetzen Sabine, Fredi und Charlie in Ferienstimmung. Alle wollen das Anwesen sehen. Ich korrigiere in Richtung Häuschen mit vier Zimmern, Küche, Bad und muss gestehen, kein einziges Foto gemacht zu haben. Die Gelegenheit dazu bot sich beim Leichenschmaus mit trauernder Witwe schlichtweg nicht.

»Wie zauberhaft. Dann können wir alle gemeinsam unseren Sommerurlaub dort verbringen.«

»Charlie, es gibt weder ein Spa noch ein Ankleidezimmer und das einzige gastronomische Highlight ist eine versiffte Kneipe in zehn Kilometern Entfernung, die kurz vor dem Ruin steht.«

»Das klingt so herrlich ursprünglich. Ein richtiges Abenteuer«, lässt die sich nicht ausbremsen.

»Eine weitere Vermögensanlage. Gratuliere, Karin«, lautet Sabines Beitrag.

»Ein paar Tage im Abseits und weit weg von allem, das täte uns gut«, träumt Fredi von einem möglichen Ort trauter, unerkannter Zweisamkeit gemeinsam mit seinem Alessandro.

Was ich von dem Ganzen halten soll, weiß ich immer noch nicht genau. Zusammengerechnet besitze ich ein ganzes Haus, welches aus einer bayerischen und einer schleswig-holsteinischen Hälfte besteht. Was will mir das Universum damit sagen? Dass ich halb Fisch, halb Hendl bin? Werde ich mich irgendwann entscheiden müssen oder geht am Ende beides?

Der Rest des Abends zieht an mir vorbei. So richtig anwesend bin ich nicht und Sabine spricht mich auf der Heimfahrt im Taxi darauf an. Ich erzähle ihr von meiner gestrigen Auseinandersetzung mit Mark. Vor den anderen wollte ich das nicht ausbreiten, weil es mir peinlich ist. Nicht nur für mich, sondern auch für Mark. Ich schäme mich für ihn und seine Aussagen.

»Du streitest wenigstens und kannst anschließend alleine schlafen. Mein Mann will wieder Sex mit mir und unsere Ehe retten, kannst du dir das vorstellen? Ich habe mich so daran gewöhnt, ihn die vergangenen Jahre zu ignorieren, und jetzt will er, dass wir uns neu kennenlernen. Er hat sogar einen Termin bei einer Paartherapeutin vereinbart. Vielleicht schaffe ich es, dass er mich mit ihr betrügt? Dann wäre ich raus aus der Sache und könnte endlich wieder neue Klamotten von seinem schlechten Gewissen kaufen. Seitdem er treu ist, war ich lange nicht mehr shoppen.«

»Aber ist das nicht ein gutes Zeichen? Spricht das nicht für Frank?«

»Der hat doch bloß Panik, das ist alles. Unser ältester Sohn geht demnächst ins Ausland, zu den anderen beiden hat er den Anschluss verpasst und er selbst wird alt. Sein Körper verfällt und Frank hat Angst, dass er keine andere mehr abbekommt. Das ist alles.«

»Das klingt grausam, Sabine.«

»Das ist die Wahrheit, Karin. Die hört keiner gerne.«

»Besteht denn nicht der Hauch einer Möglichkeit, dass er es ernst meint? Kannst du dir das überhaupt nicht vorstellen?«

Sabine wendet den Blick von mir ab, sieht aus dem Fenster und schweigt. Ich lasse sie daraufhin in Ruhe. Als wir wenig später in unserer Straße ankommen, aus dem Taxi steigen und uns voneinander verabschieden, sagt sie plötzlich: »Das würde bedeuten, dass ich hinsehen müsste. Und ich weiß nicht, ob ich das will. Gute Nacht, Karin«, küsst sie mich, ohne eine Antwort abzuwarten, auf die Wange und verschwindet in 18f.

Bei mir zu Hause ist alles dunkel und Mark schläft bereits. Heute Nacht ziehe ich ins Gästezimmer.

Ich kann seine Nähe gerade nicht ertragen.

Die Woche plätschert dahin wie jede andere auch. Zwischen Kindergarten, Kinderturnen und Kinderverabredungen bleibt wenig Raum für mich und meine Belange. Ich hatte einst ein Leben, das nur mir gehörte. Ein Leben, in dem ich entschied, wann ich morgens aufstehe und ob ich überhaupt aufstehe. Heute ist das anders. Aus Sonn- und Feiertagen macht sich Lilly wenig, an denen steht sie gerne früh auf. Von Montag bis Freitag macht sie eine Ausnahme und würde bis Mittag durchschlafen, müsste sie nicht in den Kindergarten, damit ich wenigstens vier Stunden am Tag für mich habe. Die nutze ich für den Haushalt, das Einkaufen und meine eigenen Arzttermine. So viel zum Thema Zeit für mich.

Einmal in der Woche besuche ich Frau Dr. Baumann. Sie ist Psychotherapeutin und kennt mich und meine verkorkste Familiengeschichte seit knapp fünf Jahren. Die Termine bei ihr sind eine willkommene Abwechslung und ein wohltuender Ausflug in die Zivilisation. Ihre Praxis liegt in der Innenstadt, ganz in der Nähe unserer alten Wohnung, und ich nutze die Zeit vor und nach unseren Gesprächen für Ausflüge in vergangene Zeiten. Ich vermisse die Stadt. Die vielen Menschen, das Gedränge, die Abgase. Für Kleinkinder taugen die aber nix, das musste ich schließlich auch einsehen und habe dem Umzug in die familienfreundliche Vorstadt zugestimmt. Seitdem friste ich mein Dasein als Stepford-Frau. Das hatte ich mir einst auch anders vorgestellt. So wollte ich nie werden, aber dann kam eins zum anderen und ich landete in der Vorstadtfrauenfalle. Dort stecke ich seit vier Jahren fest und weiß nicht, ob und wie ich da wieder rauskomme. Mir fehlt der Plan. Ich hatte immer einen Plan. Bis mir das Leben dazwischenkam.

So erklärt es mir gerade Frau Dr. Baumann, mit der ich seit einer halben Stunde über mein vergangenes Wochenende und den Streit mit Mark spreche.

»In unserem Leben gibt es genau zwei Ereignisse, auf die wir keinen Einfluss haben. Das sind unsere Geburt und unser Tod, sofern wir nicht vorhaben, Selbstmord zu begehen. Alles, was dazwischen stattfindet, unterliegt unserem gestalterischen Spielraum. Wie gefällt Ihnen diese Vorstellung?«

»Gar nicht.«

»Und warum?«

Das ist die reinste Therapeutenkrankheit, ständig nachzufragen, warum? Wie Dreijährige. »Weil das keinen Sinn ergibt. Es gibt Regeln, an die man sich halten muss. Da ist kein Platz für diesen gestalterischen Spielraum. Wer sich nicht an die Regeln hält, fliegt raus. Das lernt schon meine Tochter im Kindergarten.«

»Und was sind das für Regeln?«

Ich bin mir nicht sicher, ob sie mich gerade verarscht oder wirklich nicht kapiert, was ich da sage.

»Verstehe ich nicht«, frage ich daher zurück.

»Nach welchen Regeln spielen Sie, Frau Kraus? Nach denen, die Sie von anderen übernommen haben, oder nach Ihren eigenen Regeln?«

»Ich dachte, das Bürgerliche Gesetzbuch gilt für alle in unserem Rechtsstaat?«

»Bei Ihrem inneren Konflikt geht es nicht um die allgemein anerkannten Gesetze in unserem Staat, Frau Kraus. Es geht vielmehr um die Regeln und Grundlagen, nach denen Sie ihr Leben innerhalb dieser Rahmenbedingungen gestalten. Werte, die Ihnen wichtig sind, Ideale, die Sie vertreten, Visionen, die Sie von einem erfüllten Leben haben und die Sie motivieren, tagtäglich morgens aufs Neue aufzustehen.«

»Morgens weckt mich entweder mein Handy oder meine Tochter, was mich quasi dazu zwingt aufzustehen.«

»Und warum?«

Ernsthaft? »Na, weil der Kindergarten Zeiten vorschreibt, zu denen man sein Kind abgeben muss. Weil Termine wie dieser hier sonst nicht pünktlich stattfinden würden und weil Supermärkte Schließzeiten haben, nach denen es kein Essen mehr gibt«, werde ich langsam, aber sicher ungeduldig.

»Das ist alles Mikroebene, Frau Kraus. Sie verstricken sich im Mikromanagement, anstatt das große Ganze zu betrachten. Huch, unsere Zeit ist leider um, das besprechen wir dann nächste Woche. Guter Fortschritt, Frau Kraus.«

Das ist so typisch für Therapeuten, dass sie dich immer genau dann rauswerfen, wenn du am wenigsten verstehst. Das machen die absichtlich, damit du noch verwirrter bist als vorher und garantiert wiederkommst. In ihrer Fachsprache nennen sie das dann einen ›guten Fortschritt‹.

Werte. Ideale. Visionen. Dass ich nicht lache! Wer hat denn Zeit für so was? Idealerweise hat man einen Job und kann dadurch seiner Zukunft gelassen entgegensehen. Das nennt sich praktische Lebensführung. Ich wiederum habe keinen Job, weil es Regeln und Anmeldefristen gibt, nach denen Ganztageskindergartenplätze vergeben werden. Die Rechnung dazu ist ganz simpel: Vollzeitjob ist gleich Vollzeitbetreuung und Halbtagsjob ist gleich ein halber Betreuungsplatz. Mein Anfahrtsweg aus der Vorstadt zu ›Charlie's Boutique‹ beträgt einfach schon eine knappe Stunde. Den hätte ich zusätzlich mit den Öffentlichen zurücklegen müssen, weil wir uns nur ein Auto leisten und Mark seinen Firmenwagen als Statussymbol gut sichtbar auf dem Firmengelände parken muss. Das Ende vom Lied war, dass sich mein Job weder für mich noch für die Haushaltskasse gelohnt hätte. Das, meine liebe Frau Dr. Baumann, sind die mathematischen Regeln, die meinen gestalterischen Spielraum bestimmen!

Heute Abend findet zu allem Überfluss auch noch der Elternabend im Kindergarten statt. Mark passt sogar freiwillig auf Lilly auf, die plötzlich wieder zu SEINER Tochter wird, die nicht von Fremden betreut werden soll. Den ersten Elternabend unseres Kindergartenelterndaseins habe ich krankheitsbedingt verpasst und Mark hat mich vertreten. In knapp dreißig Minuten soll ich am eigenen Leib erfahren, warum mein Ehemann bereitwillig den Kinderdienst übernimmt.

Um halb acht klingelt es. Die sportliche Regine steht vor der Tür, um mich abzuholen. Ihr Erstgeborener und Lilly sind in der gleichen Gruppe und wir machen uns gemeinsam zu Fuß auf den Weg. Ohne Sportleggings und Laufschuhe hätte ich sie fast nicht erkannt. Regine ist nicht nur ganztags sportlich, sondern achtet auch noch penibel auf ihre Ernährung, nascht nie von den Kindertellerresten und trinkt keinen Alkohol. Allein das disqualifiziert sie als eine potenzielle Freundin. Hinzu kommt ihre humorlose Art, die uns bei Gesprächsversuchen immer wieder im Weg steht. Sobald ich einen blöden Spruch mache, hinterfragt sie, wie ich das genau gemeint habe und ob man das überhaupt so sagen dürfe. Das ist furchtbar anstrengend und ermüdend. Für oberflächlichen Smalltalk über das Wetter und die Launen unserer Kinder reicht der Fußweg zum Kindergarten aber genau aus und ich atme erleichtert auf, als wir den Raum der Bio-Wuschelbärchen betreten und unsere krampfhaften Gesprächsversuche einstellen können.

Ja, genau, Bio-Wuschelbärchen. Wuschelbärchen allein hat nicht gereicht, der Zusatz musste davor. Die aufwendige Elterninitiative berief sich darauf, dass man so das ökologische Bewusstsein der Kinder fördere und dazu beitragen könne, den Klimawandel zu stoppen. Auch die Regine war damals dafür. Die kauft natürlich nur Bio. Logisch. Wahrscheinlich macht sie auch Bio-Sex. Ach verdammt, ich mag sie halt einfach nicht.

In dem Raum, wo Lilly ihre Vormittage verbringt, ist alles auf kleine Kindergrößen eingestellt. Der Stuhl, auf dem ich Platz nehme, zwingt mich dazu zu hocken statt zu sitzen. Ich komme mir vor, wie Gulliver in Liliput. Meine Knie befinden sich auf Brusthöhe und ich weiß nicht so recht, wohin mit meinen Händen. Auf dem Tisch ablegen kann ich sie nicht, weil meine Beine dazwischen sind, hängen lassen sieht doof aus und meine Hände berühren dabei den Boden, also bleibt mir nichts anderes übrig, als meine Beine zu umklammern. Der Bund meiner Jeans zwickt am Bauch und ich verfluche die Reste meines Schwangerschaftsspecks. Solche Probleme hat die sportliche Bio-Regine natürlich nicht. Sie überschlägt ihre dürren Beinchen und kann sich dabei noch an den Tisch beugen. Allein vom Hinsehen wird mir schlecht.

Um mich herum entsteht Hektik. Alle kramen in ihren Handtaschen. Ich habe keine dabei, wozu auch, mein Hausschlüssel passt in die Manteltasche. Aber dann sehe ich, was aus den Taschen gezaubert wird: Laptops, iPads und das ein oder andere Filofax. Auch die Regine hat eins dabei und mustert mich mit hochgezogenen Augenbrauen. »Hast du denn nichts zum Mitschreiben dabei?«, fragt sie mich vorwurfsvoll.

»Wozu?«

»Für die ganzen Informationen.«

»Es gibt doch bestimmt ein Protokoll.«

»Na ja«, spuckt mir Regine ihren Kommentar vor die Füße.

Ich schaue mich um und stelle fest, dass ich tatsächlich die Einzige ohne Schreibutensilien bin. Der Rest rüstet gerade auf. Geräuschvoll werden die Laptops aufgeklappt, hektisch wird auf den iPad-Oberflächen herumgewischt und werden Zettel durchnummeriert. Die Atmosphäre gleicht dem Beginn einer Pressekonferenz im Kanzleramt, wo gleich der Militäreinsatz der Bundeswehr bekannt gegeben wird. Doch statt Frau Merkel betreten jetzt die Kindergartenleiterin und die zwei Erzieherinnen der Bio-Wuschelbärchen den Raum und nehmen auf den einzigen drei Sitzgelegenheiten in Normalgröße Platz. Sie thronen vor uns, als würden sie Audienz halten, während wir Eltern auf den Kinderstühlen kauern. Alles verstummt und die wenigen, die sich noch unterhalten, werden von den anderen zum

Schweigen ermahnt. Und dann geht der Spaß erst richtig los. Nachdem die Agenda verlesen wurde, ist mir klar, dass das ein langer Abend wird. Alkohol gibt es keinen, dafür Hagebuttentee und Wasser. Sollte ich jemals wieder an so einer Veranstaltung teilnehmen, bringe ich mir einen gut getarnten Gin Tonic in einer Thermoskanne mit. Es gibt sage und schreibe fünfzehn Tagesordnungspunkte! Fünfzehn! Und zu jedem Einzelnen wird ausführlich diskutiert, denn einige Eltern haben enormen Redebedarf. Ich frage mich zwischendurch, ob es für die Wortbeiträge mündliche Noten gibt und ich das nicht mitbekommen habe? Hände schnellen in die Höhe, Finger werden geschnippt und es wird sich gegenseitig unterbrochen. Die Streitlust erreicht ihren absoluten Höhepunkt, als es um das Mitbringen von Geburtstagskuchen geht. Da bräuchte es strengere Richtlinien, meint die Mama von Julius. Das findet auch die andere Hälfte der Mama-vons. Einen eigenen Namen leistet sich hier keine mehr. Man solle bitte zukünftig auf die Verwendung von Bio-Zutaten achten sowie auf Zucker, Mehl, Kuhmilch und Eier verzichten. Was ist bitteschön ein Kuchen ohne seine Hauptbestandteile? Genau das erklärt jetzt Mama von Jonathan mit Unterstützung einer aufwendig gestalteten Power-Point-Präsentation, auf der Datteln einfliegen, Sojamilch vor Freude überschäumt und Mandeln sich ekstatisch gegenseitig aneinander abreiben. Kaum ist der Alternativkuchenporno vorbei, geht es los. Weder Mandeln noch Datteln seien regional und Soja fördere die vorzeitige Geschlechtsreife, beschwert sich Mama von Cecilia. Wovor hat die Angst, frage ich mich, dass ihre Tochter schwanger und ohne Abschluss den Kindergarten abbrechen muss? Mama von Paula ist prinzipiell gegen Süßigkeiten und bevorzugt Gemüse. Eine gefüllte rote Tofu-Paprika mit einer Geburtstagskerze obendrauf habe schließlich auch etwas Feierliches. Totaler Quatsch, findet Mama von Chayenne, die sich extra einen Thermomix für dreitausend Euro zugelegt hat, nur um dem ganzen Backwahn hinterherzukommen, der in Schulen und Kindergärten wütet. Mama von Karl-Peter kauft bei der Discount-Bäckereikette um die Ecke, weil sie nebenbei noch andere Kinder alleine erziehen und arbeiten muss. Sie habe weder Zeit zum Backen noch Lust, sich zur Ernährungsberaterin umschulen zu lassen, nur um einmal im Jahr einen Kuchen abzugeben. Ich habe die Frau noch nie zuvor in meinem Leben gesehen, weil Karl-Peter ein Ganztagskind ist und wir somit unterschiedliche Abholzeiten haben, aber sie ist mir auf Anhieb sympathisch. Als ich ihr zustimme und bestätige, dass ich das genauso sehe, springt die Arschloch-Mama von Franki-Schatzi fast im Dreieck. »Das war ja klar, dass du das genauso siehst. Euer Verhalten ist das beste Beispiel dafür, welchen massiven Schaden Zucker anrichten kann. Das geht schon so weit, dass ihr kleine, unschuldige Kinder angreift, so wie neulich meinen Frank. Bedroht habt ihr ihn, alle beide!«

»Dein Sohn hat mir gegen das Schienbein getreten und ich habe ihn lediglich zurechtgewiesen«, rechtfertigt Mama von Karl-Peter ihr kinderfeindliches Verhalten.

»Und mir hat er die Zunge rausgestreckt. Wer hat jetzt hier den größeren Schaden?«, pflichte ich ihr bei.

Vergessen sind die alternativen Inhaltsstoffe für Kuchen, denn jetzt geht es um den Kinderschutz und die Frage, ob man den Sozialdienst informieren sollte. Mit zusammengekniffenen Augen und Schmollmund hockt sich Mama von Jonathan wieder auf ihr Stühlchen und verschränkt demonstrativ die Arme, weil ihr Auftritt vorerst beendet ist.

»Ein Anti-Agressions-Training könnte deiner Tochter nicht schaden«, kommt Mama von Frank jetzt so richtig in Fahrt. »Neulich hat sie meinen Sohn als Vollpfosten beschimpft.«

»Wenn das ihre Meinung ist? Ich dachte, unsere Kinder sollen lernen, über ihre Gefühle zu sprechen. Ich finde das äußerst progressiv und einen guten Fortschritt«, verteidige ich meinen Nachwuchs mit dem Vokabular meiner Therapeutin. Haben sich die zahlreichen Stunden am Ende doch noch gelohnt, denn Mama von Frank starrt mich mit aufgerissenen Augen und offenem Mund sprachlos an.

»Dann hätten wir noch den Agendapunkt Faschingsfeier«, nimmt eine der Erzieherinnen den Faden der Tagesordnung wieder auf.

Das muss man auch erst mal schaffen, vierzehn Protokollpunkte breit und ausführlich zu zerreden, ohne am Ende ein einziges Ergebnis abhaken zu können. Wir sollten alle geschlossen in die Politik gehen.

Eine Faschingsfeier ist ein schöner Abschluss und bestimmt schnell geregelt – denke ich und werde direkt eines Besseren belehrt. Es hat sich nämlich eine Elterninitiative gebildet, die eine Liste politisch korrekter Kostüme erstellt hat, die gerade verteilt wird. Man bittet um geschlechter- und ethnisch neutrale Verkleidungen, alles im Sinne der Anti-Diskriminierung. Einige Pazifisten-Eltern bestehen außerdem auf den Verzicht von Plastikpistolen und Seeräubersäbeln, das unterstütze militantes Verhalten und könne potenzielle Amokläufer hervorrufen. Die Anti-Zucker-Front rund um Mama von Jonathan und Mama von Frank mahnt erneut eindringlich vor den verheerenden Folgen des Teufelszeugs und bietet an, Dinkel-Vollkorn-Brötchen in Krapfenform zu backen. Mama von Chayenne bietet dafür ihren Thermomix an, Mama von Frank sagt Danke.

Ich bin kurz davor durchzudrehen. Seit geschlagenen zweieinhalb Stunden hocke ich auf diesem verdammten Miniaturstühlchen, welches mir das Gefühl gibt, einen XXL-Hintern zu haben. Diese Sitzfläche ist für Drei- bis Sechsjährige gedacht! Regine und ihr dauerjoggender Kindergartenarsch haben kein Problem damit, im Gegenteil, es könnte sich sogar noch jemand neben sie auf den Stuhl setzen. Mein Po dagegen hängt an den Seiten über und wird langsam, aber sicher taub. Meine Beine sind eingeschlafen, weil in dieser hockenden Sitzposition kein Blut mehr zirkuliert, und mein gequetschter Bauch sprengt jeden Moment den Knopf meiner Jeans. Ein Ende ist aber noch lange nicht in Sicht, denn jetzt geht es nicht mehr nur darum, als was sich unsere Kinder noch verkleiden dürfen, sondern zusätzlich auch noch darum, aus welchen Rohstoffen die Kostüme hergestellt sind. In Lillys Schränkchen hängt ein rosafarbenes Prinzessinnenkostüm mit Tüllüberwurf, das zu hundert Prozent aus Polyester besteht. Ich habe es für neun Euro neunundneunzig bei einem meiner letzten Einkäufe im Supermarkt erstanden. Zugegeben, besonders einfallsreich und umweltfreundlich ist das nicht, aber meine Tochter macht sich mit ihren vier Jahren nicht viel aus veralteten royalen Müllrückständen. Sie will lediglich ein Mal im Jahr ein absolut alltagsuntaugliches, kitschiges Kleidchen tragen und in die Welt abtauchen, welche sie aus den Märchen kennt, die in jedem Buchhandel erhältlich sind, weil sie offiziell zur Allgemeinbildung zählen. Und das will ihr jetzt auch noch Mama von Alice verbieten. Mama von Alice hat ihre Tochter nach Alice Schwarzer benannt. Das war leider ein schlechtes Omen, weil Alice nicht nur den Namen, sondern auch das Aussehen ihrer berühmten Namenspatin geerbt hat. Tja, hätte Mama von Alice sich besser mal für Heidi entschieden. Mama von Alice und ohne eigenen Namen redet jetzt von Rollenvorbildern und frühkindlichen Prägungen, die wir alle mitverantworten. Sie ist nämlich Heilpädagogin und kennt sich aus. Das lässt sie einen immer und zu jeder Gelegenheit wissen. Sie ist eine von den Frauen, die zu allem und jedem etwas sagen müssen und bei denen man die Kommentarfunktion nicht ausschalten kann. Jeden Satz beginnt sie mit: »Das kommt bestimmt von«, oder: »Das macht er/sie, weil.« Komischerweise kommentiert sie aber nur das Verhalten anderer Kinder. Ihr eigener Nachwuchs sei die Ausnahme, welche die Regel bestätige. Mama von Alice spricht sich gerade strikt gegen frauenfeindliche Verkleidungen aus, die die Errungenschaften der Emanzipation im Keim beziehungsweise hier im Kindergarten ersticken würden. Die Diskussion geht jetzt zum Glück auch den anderen Eltern zu weit und man schlägt vor, sich an europäischen Kostümvorlagen zu orientieren und politische Statements außen vor zu lassen. Haken dran, Ende der Diskussion und der heutigen Veranstaltung.

Endlich!

Um elf Uhr abends endet die Premiere und ich habe meinen ersten Kindergartenelternabend überstanden. Noch zwei Jahre bis zur Einschulung. Dann wird alles besser.

Ach, ich habe ja keine Ahnung, was da alles auf mich zukommen wird, aber das weiß ich zum heutigen Zeitpunkt noch nicht und mache mich nichtsahnend und völlig erschöpft auf den Heimweg.

Als ich zu Hause ankomme und die Türe aufschließe, ist es mucksmäuschenstill. Mark und Lilly schlafen bereits. Regine wollte mit einigen auserwählten Müttern-von noch zum Vorstadtgriechen ums Eck und ich sei herzlich in den illustren Kreis rund um den Elternbeirat eingeladenen. Da mir das für den Abend zu viel wäre, habe ich mich dankend und aufgrund von Migräne verabschiedet. Was bei Unlust auf Sex hilft, funktioniert also auch hierbei. Gut zu wissen für die Zukunft.

Leise schließe ich Türe hinter mir, um niemanden aufzuwecken. Unser Haus ist sehr hellhörig, wie wir neulich alle von Sabine erfahren durften. Im Flur streife ich achtlos meine Stiefel ab, lasse sie mitten im Weg liegen und schlurfe in Zeitlupe in Richtung Küche. In der Kühlschranktür begrüßt mich ein angebrochener Chardonnay. Ich nehme die ganze Flasche mit ins Wohnzimmer, hole ein Weinglas aus der Vitrine, stelle beides auf dem Couchtisch vor mir ab und lasse mich auf unsere Sofalandschaft fallen. Dann sitze ich eine Weile reglos da und starre durch die Terrassentür hinaus in unseren Minigarten. Die Nacht ist sternenklar und der Vollmond erleuchtet die Umgebung sowie den gesamten Raum, sodass ich kein künstliches Licht benötige. Die Stimmung hat etwas Magisches. Wäre ich spirituell veranlagt, dann wäre jetzt genau der richtige Zeitpunkt für die Begegnung mit einem Geist. Wahrscheinlich würde ich mich nicht einmal erschrecken, weil es einfach in die Szenerie hineinpassen würde.

Aber es kommt niemand zu mir. Ich bin allein. Immer noch eingehüllt in meinen dicken Wintermantel schaue ich ins Leere. Leer. Leer und einsam fühle ich mich, obwohl um mich herum tagtäglich so viele Dinge passieren. Ich habe Freunde, einen Mann, ein Kind, einen toten Vater, eine lebendige Mutter und eine noch lebendigere Schwester, die nur zwei Haustüren weiter wohnt, seit Neuestem Elternabende mit jeder Menge anderer Mütter sowie einen Alltag, der mich voll und ganz vereinnahmt. Und dennoch, am Ende des Tages – so wie heute – fühle ich mich mutterseelenallein. Nur ich mit mir und einer angebrochenen Flasche Chardonnay. War's das? Sieht so der Rest meines Lebens aus?

Ich schäle den Mantel von meinem Oberkörper ab, beuge mich nach vorne an den Couchtisch und schütte großzügig Wein aus der Flasche in das Glas. Das dabei entstehende glucksende Geräusch durchbricht die Stille. Andächtig betrachte ich das viel zu volle Glas, setze es an meine Lippen und nehme einen ordentlichen Schluck davon. Ich spüre, wie sich die kalte Flüssigkeit ihren Weg von meinem Mund aus durch die Speiseröhre hinunter bis in den Magen bahnt. Es ist, als ob etwas Lebendiges in mich hineinströmt. Ich trinke mehr von der Substanz, die nicht ohne Effekt auf meine leere Seele und meinen leeren Magen bleibt. Das Gefühl, welches sich zu meiner Einsamkeit dazugesellt, besitzt die Macht, diese zu verdrängen. Ein weiterer Schluck. Und noch einer. Schon besser.

Mit dem Glas in der Hand lehne ich mich langsam zurück und richte den Blick wieder nach draußen.

Wo bin ich nur gelandet? Was ist das hier für ein Film? Meiner? Garantiert nicht! Ich funktioniere in einer Rolle, die ich mir nicht ausgesucht habe. Nebenrolle, maximal und wenn überhaupt. Hineingequetscht in Pflichtprogramme und Erwartungen, die mich zu überrollen drohen, Abläufe in Endlosschleife und Routinen an einem Fließband, das ich nicht anhalten kann.

Ich schreie innerlich, aber keiner hört mich.

Ich drohe zu ertrinken, aber niemand bemerkt es.

Ich suche Antworten, aber kenne meine Fragen nicht.

Also trinke ich noch einen Schluck Wein.

Als die Flasche leer ist, bin ich voll und schleppe mich in den ersten Stock, wo sich Lillys Kinderzimmer befindet. Vorsichtig öffne ich die Türe in ihr kleines Reich. Mir schlägt sofort dieser typische Kinderschlafgeruch entgegen. Das ist der schönste Duft der Welt! Er ist wie eine Droge mit besänftigendem Effekt, denn vergessen sind meine Gedanken darüber, wie dieser kleine, wundervolle, schnarchende Resonanzkörper mein gesamtes Leben auf den Kopf gestellt hat. Ich trete an ihr Bett heran und beobachte meine Tochter beim Schlafen. Ihre Bettdecke hat sie erfolgreich ans Fußende gestrampelt, an dem eine ganze Armee von Kuscheltieren aufgestellt ist. Die haben alle einen eigenen Namen und wehe es fehlt eines davon am Abend vor dem Einschlafen oder wird an der falschen Position aufgestellt! Alles hat seine Ordnung in ihrem Leben.

Ich decke Lilly fürsorglich zu und gebe ihr einen Kuss auf die Stirn. Noch einmal Kind sein. Was würde ich nicht alles dafür geben!

Am nächsten Morgen ist wieder alles beim Alten. Ich bin nach wie vor erwachsen, habe einen ausgewachsenen Kater und soll ein halbwüchsiges Kind dazu bewegen, sich anständig für den Kindergarten zurechtzumachen. Ihrer gestandenen Meinung nach hat sie dies bereits erfolgreich erledigt. Lilly erscheint im Neun-Euro-neunundneunzig-einhundert-Prozent-Polyester-Prinzessinnenkostüm.

Sie behauptet, angezogen zu sein. Sie fühle sich heute königlich und dass die Faschingsfeier erst in zwei Wochen stattfindet, interessiere sie nicht. Punkt.

Mark erscheint eingehüllt in sein bestes Business-Outfit und das ganze Haus riecht nach seinem Terre d'Hermes Parfum.

»Großer Tag heute?«, frage ich nach.

»Großer Abend. Dinner mit den Entscheidern des neuen Gewerbeparks und den zuständigen Lieferanten. Wenn wir die überzeugen können, dann haben wir es geschafft. Das ist ein riesiges Projekt und wenn das heute Abend gut läuft und die sich für uns entscheiden, dann bist du bald die Frau des neuen Mitglieds der Geschäftsführung, Baby! Hast du eine Ahnung, was das bedeutet?«

Habe ich. Noch mehr Überstunden, noch mehr Dienstreisen und noch mehr Dinner-Partys mit der tollen Dr. Maren Ponte. Kurz bevor ich etwas entgegnen kann, drückt mir Mark eine Karte in die Hand. »Für dich«, küsst er mich auf die Wange und verlässt pfeifend das Haus.

Ich betrachte die Karte, auf der ein Arrangement aus roten Rosen in Herzform abgebildet ist. In goldener Schnörkelschrift steht darunter der vielversprechende Titel *Happy Valentine's Day*. Der ist laut Kalender nächste Woche und hat in unserer Beziehung noch nie eine Rolle gespielt. Ich bin mir sogar ziemlich sicher, dass Mark nicht einmal wusste, dass der Valentinstag überhaupt existiert. Und jetzt halte ich eine Karte in meinen Händen, deren Innenseite mich darüber informiert, dass mein Mann und ich genau dann ein Date haben werden, die Kinderbetreuung bereits organisiert ist und ich zu einem romantischen Dinner ausgeführt werde. Ein Dinner, für das ich mir sogar was Schickes kaufen soll, denn es wird nicht einfach nur gegessen, sondern opulent auf Sterne-Niveau diniert, was das opulent wieder relativiert, denn Sterneköche zeichnen sich hauptsächlich durch ihre Vorliebe für äußerst reduzierte Portionen aus. Da ergeben zehn Gänge zusammengerechnet schon mal eine normale Vorspeisenportion, das habe ich bei Charlie und Alfi schon öfters erleben dürfen. Anschließend sind Sabine, Fredi und ich dann bei McDonald's eingekehrt, um unsere leeren Mägen aufzufüllen.

Jetzt bin ich platt. So etwas hat es in unserer Ehe schon lange nicht mehr gegeben. Ein Date. Eine richtige Verabredung. Zeit als Paar. Ich bin gerührt und auch ein wenig überfordert. Die Vorfreude siegt über meine Verunsicherung und zu Lillys Überraschung genehmige ich ihren Prinzessinnenaufzug mit: »Wenn du dich damit wohlfühlst? Das ist schließlich die Hauptsache, nicht wahr, mein Schatz?«, und lasse sie gewähren.

Am Vormittag schicke ich die Neuigkeiten in unsere Whatsapp-Gruppe.

Ist er fremdgegangen?, fragt Sabine direkt. Kein Wunder, bei ihrer Geschichte.

Oh, wie zauberhaft!, schreibt Charlie. *Das wird bestimmt ganz romantisch. Wann kommst Du zu mir zum Shoppen? Ich habe genau das richtige Kleid für Dich im Laden!*

Dein Mann ist ein Arschloch, beschwert sich Fredi. *Entschuldige, aber Du musst nur mit ihm schlafen und nicht mit ihm zusammenarbeiten. Muss wieder los ins nächste Meeting ... mit IHM!!!*

Sabine übernimmt wie immer das Kommando und bestimmt: *@Karin: In fünf Minuten Kaffee bei mir, dann kommen wir zu Dir, @Charlie, in die Boutique. Unsere Kinder übernimmt Ludmilla. @Fredi, such dir gefälligst einen neuen Job!*

Der Vorteil, wenn Du mit einer deiner besten Freundinnen Haustür an Haustür wohnst, die sich eine Leihoma leistet, ist, dass du spontan auf deren Kinderbetreuung zurückgreifen kannst. Ludmilla schmeißt Sabines Haushalt und Kinder, als wäre es das Schönste und Normalste der Welt. Sie hat selbst sechs Kinder großgezogen und ist bereits achtfache Großmutter. Alle lieben Ludmilla, die ganze Nachbarschaft und jeder, der sie einmal kennengelernt hat. Sie ist die Herzlichkeit in Person, erzieht die ihr unterstellten Kinder und verwöhnt die zahlenden Eltern. Ludmilla selbst braucht nicht viel zum Glücklichsein, nur Kinder um sich herum, je mehr, desto besser. Und da ihre bereits ausgewachsen und ausgezogen sind, bessert sie ihre Rente als Leihoma auf. Früher hatte Sabine immer wieder Au-pair-Mädchen im Haus. Nachdem aber die russische Olga ihre Geschlechtsreife an Frank Zollner demonstriert hatte, was alle Nachbarn live über die Videokamera des Babyphones mitverfolgen konnten, und die anschließende hässliche Jenny aus Liverpool ihre Jungfräulichkeit volltrunken an den ältesten Sohn der Familie verloren hatte, wollte Sabine zukünftig auf Nummer sicher gehen. Seitdem setzt sie konsequent auf hormonell stillgelegte Frauen, deren Weiblichkeit nur noch anhand ihres Namens auszumachen ist – mit Erfolg. Sex gibt es unter dem Zollnerschen Dach schon seit Jahren keinen mehr.

Als ich fünf Minuten später bei Sabine klingele, öffnet sie mir mit einem Glas Champagner in der Hand die Tür.

»Das ist aber kein Kaffee!«, deute ich auf das Glas.

»Und du bist nicht meine Erziehungsberechtigte. Schnapp dir dein Glas, es steht in der Küche für dich bereit. Das Taxi ist in zehn Minuten da, ich ziehe mich noch schnell um.«

In der Küche steht nicht nur mein Glas, sondern auch Ludmilla am Herd und bereitet das Mittagessen vor. Es duftet nach Gulasch, gedünsteten Paprika und Zwiebeln. Daneben sprudelt in einem anderen Topf heißes Wasser, in dem Kartoffeln baden. Mir läuft das Wasser im Mund zusammen. Was würde ich für eine Ludmilla in meinem Haushalt geben! Ihr Essen ist ein Traum.

Sie begrüßt mich freudig lächelnd und ich bedanke mich bei ihr für das Abholen und die Betreuung von Lilly.

»Ach, das ist doch nicht der Rede wert. Die Kleine ist ein wahrer Engel. Wir haben nachher noch ein bisschen Zeit unter uns Frauen, bevor die zwei Jungs aus der Schule kommen«, zwinkert sie mir zu.

Bei ihr ist Lilly in den besten Händen und fühlt sich pudelwohl. Das lässt mich meine Tochter jedes Mal spüren, wenn ich sie wieder abhole und Lilly partout nicht weg möchte von der Frau, die sie laut eigener Aussage gerne gegen ihre Regensburger Oma eintauschen würde. Das befriedigt mich innerlich ungemein und ich überlege, Lilly Geld dafür zu geben, dass sie dies das nächste Mal auch laut in Gegenwart meiner Schwiegermutter erwähnt.

Ich trinke einen Schluck Champagner und halte noch ein wenig Smalltalk mit Ludmilla, bis Sabine umgezogen erscheint und wir nach draußen zu unserem bereits wartenden Taxi gehen. Auf der Fahrt berichte ich von dem gestrigen Elternabend und seinen Auswüchsen. Ich höre von der erfahrenen Dreifachmama, dass das der normale Wahnsinn sei und man, beziehungsweise ich, mit der Zeit gelassener werden würde. Ich solle mich bloß niemals dazu bequatschen lassen, den Job des Elternbeirats zu übernehmen, weder im Kindergarten noch später in der Schule, denn dann wäre der gestrige Abend mein neuer und alles bestimmender Alltag. Sabine erzählt Anekdoten von Helikoptermüttern, die Videoüberwachungssysteme installieren wollten, um bei Bedarf die Betreuung ihres Nachwuchses nachverfolgen zu können, oder die ein Mitspracherecht bei der Auswahl des pädagogischen Personals in dem staatlichen Kindergarten geltend machen wollten. Und damit darf sich dann der Elternbeirat rumschlagen. Nein, danke.

In ›Charlie's Boutique‹ wartet bereits eine Auswahl an Kleidern für mein Valentinstag-Date auf mich, von der Chefin höchstpersönlich zusammengestellt. Das war früher mein Job und ich vermisse ihn. Ich liebe Mode. Sie bietet einem die Möglichkeit, in Rollen zu schlüpfen, sich zu verwandeln und immer wieder Neues auszuprobieren. Mit ihr kann man Persönlichkeiten unterstreichen und Launen hervorheben. Heute Diva, morgen Elternbeirat und übermorgen Rock Chic, je nachdem, wie man sich gerade fühlt.

Jetzt gerade fühle ich mich wie vor vier Jahren, als ich genau hier durch Zufall Sabine und Charlie kennengelernt habe. Der Anlass für meinen damaligen Shopping Trip war das anstehende große Sommerfest von Marks Baufirma und mein wachsender Babybauch, weshalb ich nichts Passendes mehr im Kleiderschrank hatte. Das Outfit, welches ich mir zusammenstellte, hat mir meinen Job bei Charlie beschert, die von meinem Geschmack begeistert war.

Heute betrachte ich mein vier Jahre älteres Spiegelbild, das mich in einem schwarzen, schulterfreien Midikleid aus

Satin unschlüssig anlächelt. Die mit Stäbchen verstärkte Korsage sorgt für Halt und drückt die letzten Schwangerschaftpfunde am Bauch platt und in Form. Das Tüpfelchen auf dem i ist ein roter Gürtel, der mir eine Taille zaubert und der farblich mit den filigranen Wildleder-Highheels korrespondiert, die nach vorne hin spitz zulaufen und meine Füße dabei größer wirken lassen, als sie tatsächlich sind. Seit der Schwangerschaft trage ich eine Schuhgröße mehr. Der dünne Pfennigabsatz verlangt mir einiges ab, da ich es nicht mehr gewohnt bin, mein Gewicht auf zehn Zentimetern auszubalancieren, geschweige denn darauf zu laufen. Unbeholfen stakse ich vor und zurück und schwanke dabei hin und her, was von Sabine prompt mit einem »Da muss aber noch jemand üben!« kommentiert wird.

»Ich habe noch Ohrringe für dich dazu rausgesucht«, triumphiert Charlie und zaubert ein Paar goldene Gliederohrringe in abgestuftem Design hervor. Ich halte sie an meine Ohren und Charlie hebt von hinten mein mittellanges Haar an, damit ich mir deren Wirkung bei einer Hochsteckfrisur vorstellen kann.

»Zauberhaft!«, ist Charlie entzückt.

»So erkenne ich mich gar nicht wieder«, sage ich zu der fremden Frau im Spiegel, die aussieht wie Grace Kelly auf einem formellen Staatsbankett. Seitdem ich ein Kind habe, dominiert praktische Kleidung meinen nicht (mehr) vorhandenen Stil. Bevor ich das viele Geld für meine heiß geliebte Designermode verdienen konnte, wurde ich schwanger und mein eigenes Konto dadurch leer. Wenn ich jetzt shoppen gehe, sieht Mark sofort, wie viel ich wofür, wann und wo ausgegeben habe. Das hat schon zu einigen Diskussionen geführt, denn mein Mann zeigt wenig Verständnis für mein Bedürfnis nach Markenlogos, wenn es auch günstiger geht. Schön soll es aber trotzdem aussehen. Bei seinen Armani Anzügen ist er weniger geizig, was er mit seiner Position in der Firma und der Rolle als Alleinverdiener rechtfertigt.

»Und was kostet mich mein neues Ich?«

»Schlüpfrige Details von all dem, was nach dem Dinner passiert«, zwinkert Charlie meinem Spiegelbild zu.

»Nein, das geht nicht. Das kann und will ich nicht annehmen, also raus mit der Sprache, Charlie, und den Ladenpreis bitte, nicht den Einkaufspreis!«

»Viertausendneunhundertneunundneunzig.«

»...«, schnappe ich nach Luft.

»Und deshalb leihst du es dir nur aus, bringst es am nächsten Tag zurück, Charlie lässt es reinigen und verkauft es frisch gewaschen für einen Tausender mehr«, schlägt Sabine vor, die schon wieder ein Glas Champagner in ihrer Rechten hält.

»Ich zahle die Schuhe und sage Mark, dass das der Preis für das gesamte Outfit war, wenn er fragen sollte.«

»Merkst du eigentlich noch was, Karin?«, faucht mich Sabine an.

Was ist denn in die gefahren? »Was?«, bin ich verwirrt.

»Anscheinend merkst du gar nichts mehr. Hast du Angst vor deinem eigenen Ehemann, oder warum musst du Ausflüchte erfinden, um dir was zu gönnen?«

»Er zahlt es ja schließlich.«

»Na und? Solltest du dir nicht was Schönes kaufen für diesen besonderen Abend? Waren das nicht genau seine Worte?«

»Aber doch nicht für fünftausend Euro!«

»Es sind ja auch nur viertausendneunhundertneunundneunzig Euro.«

»Im Gegensatz zu dir habe ich auch keinen fremdvögelnden Ehemann, der mit seinem Geld sein Gewissen reinwaschen muss!«, entfährt es mir.

»Bist du dir da so sicher?«

»Es reicht!«, kreischt die sonst so sanftmütige Charlie plötzlich. »Genug!«

Überrascht tauschen Sabine und ich Blicke über den Spiegel aus, dann drehe ich mich langsam zu Charlie um, der bereits die Tränen in den Augen stehen.

»Was ist denn mit DIR los?«, ist Sabine überrascht.

»Ihr seid los! Euer Gezanke macht mich fertig. Ihr seid meine Familie, und zwar meine einzige. Und mein Alfi, aber der hat jetzt Herzprobleme und muss von einer zur nächsten Untersuchung und kein Arzt kann uns sagen, was er hat und ob es etwas Ernstes ist. Ich habe nur ihn, euch und Fiffi. Meine eigene Familie hat sich damals auch mit

Vorwürfen beschmissen. Den ganzen Tag. Und irgendwann waren es nicht mehr nur Vorwürfe, sondern Bierdosen und Wodkaflaschen. Was glaubt ihr denn, warum ich freiwillig mit sechzehn von zu Hause abgehauen bin? Etwa, weil ich mich dort so behütet gefühlt habe? Und jetzt muss ich euch seit Wochen beim Streiten zuhören. Noch mal weglaufen kann ich nicht, das schaffe ich kein zweites Mal. Aber wenn ihr so weitermacht und mein Alfi sterben muss, was soll ich denn dann tun? Wer bleibt mir dann noch?«, schimpft uns Charlie und lässt sich anschließend weinend neben Sabine auf die Chaiselongue fallen, wo sie das Gesicht in ihren Händen vergräbt. Ihr zierlicher Körper zuckt unter dem Schluchzen immer wieder ruckartig zusammen.

Ich setze mich auf die andere Seite neben sie und halte ihre Schulter, wobei ich ernsthafte Atemprobleme bekomme, da mich die Korsage abschnürt. Mit dem Kleid überstehe ich kein mehrgängiges Dinner, schon gar nicht im Sitzen. Über Charlies Rücken hinweg fordere ich Sabine mit einer energischen Kopfbewegung ebenfalls zu einer tröstenden Geste auf. Sie beginnt daraufhin, den Rücken unserer Freundin mit der flachen Hand in kreisenden Bewegungen zu streicheln. Nach und nach ebbt das Schluchzen ab und die Zuckungen werden weniger.

»Warum hast du uns nicht erzählt, dass Alfi gesundheitliche Probleme hat?«, fragt Sabine nach einer Weile.

Charlie wischt sich mit den Handrücken ihre Tränen ab und erklärt dabei: »Wenn ich nicht darüber rede, dann fühlt es sich weniger gefährlich an.«

»Weniger real, meinst du.«

»Sabine!«, zische ich. »Das ist der absolut falsche Zeitpunkt für deine Rationalität, hier geht es um die Gefühle unserer Freundin!«

»Seit wann kennst du dich mit Gefühlen aus?«

»Seht ihr?«, unterbricht Charlie. »Ihr tut es schon wieder. Schon wieder schnauzt ihr euch an. Das geht schon seit Weihnachten so. Was ist denn nur mit euch los?«

Stille.

Ich blicke Sabine schweigend an und sie mich. Dann durchbreche ich die Stille, um von der eigentlichen Frage abzulenken. »Was ist mit Alfi, Charlie? Seit wann hat er diese Herzprobleme?«

»Kurz nach Silvester ging es plötzlich los«, schnieft sie und zieht dabei geräuschvoll die Nase hoch. »Seitdem rennt er von einem Spezialisten zum nächsten. Mir sagt er immer, es ginge ihm gut, aber das ist eine Lüge. Er verschweigt mir die Wahrheit, weil er weiß, dass ich damit nicht umgehen kann. Ich tue dann einfach so, als wäre alles in Ordnung. Das hat auch ganz gut funktioniert, bis gerade eben.«

Sabine beißt sich mit den Zähnen auf die Unterlippe und ich spüre förmlich, wie sie dagegen ankämpft, ihrer praktisch orientierten Weltanschauung Luft zu machen. Der sensiblen Charlie zuliebe behält sie die aber für sich.

»So hat mir das jedenfalls Fredi erklärt. Das sei meine Bewältigungsstrategie, so zu tun, als sei immer alles in Ordnung«, ergänzt Charlie.

»Fredi?«, entfährt es Sabine und mir gleichzeitig.

»Fredi weiß Bescheid, aber wir nicht?«, bin ich verärgert.

»Er kann gut zuhören und ist so einfühlsam. Ihr wart immer mit Streiten beschäftigt«, entschuldigt sich Charlie.

»Okay. Ich bin vielleicht nicht der mitfühlendste Mensch auf Erden, aber meine praktischen Ideen funktionieren immer. Charlie, du rufst jetzt deine Aushilfe an, die übernimmt den Laden. Du brauchst dringend eine Pause. Karin, das Kleid ist toll und macht eine gute Figur, aber du siehst damit aus wie eine Frau aus den Fünfzigern, die ihrem Mann Hackbraten auf Stöckelschuhen serviert. Wir finden etwas für dich, worin du laufen und das du auch selbst bezahlen kannst. Aber nicht jetzt, denn jetzt gehen wir in die Tagesbar und besprechen, wie wir unserer zauberhaften Charlie helfen können. Und von mir aus reden wir dort auch über unsere Gefühle, aber dafür brauche ich mehr Alkohol.«

Gesagt, getan. So empathielos sie auch (meistens) sein mag, hat Sabine für jede verzwickte Situation die passende Lösung parat.

Die Aushilfe erscheint eine halbe Stunde später und wir können gehen. Da Lilly bestens betreut bei Ludmilla weilt, kann ich ohne schlechtes Gewissen den Tag mit meinen

Freundinnen in der Stadt verbringen und muss dabei nicht ständig auf die Uhr achten. Das ist der reinste Luxus für mich. Mark ist ohnehin mit seinem ach so wichtigen Termin inklusive Abendveranstaltung beschäftigt, sodass es keinen Unterschied macht, ob ich zu Hause bin oder nicht. Ich informiere ihn daher weder über den Aufenthaltsort seiner Tochter noch über meinen. Wen wir aber informieren, ist Fredi, allerdings nicht, ohne ihn vorher des Hochverrats zu beschuldigen, weil er uns nichts von Charlies Sorgen gesagt hat. Der kann aber leider nicht, weil er berufstätig und ebenfalls in den ach so wichtigen Termin mit meinem Mann verwickelt ist. Fredi wünscht uns daher viel Spaß und wir sollen nichts tun, was er nicht auch tun würde.

Was wir tun, ist das, was wir in solchen Situationen immer machen: Wir gehen in besagte Bar und bestellen einen Versöhnungstrunk. Nach der ersten Flasche Prosecco verspricht Charlie, zukünftig wieder alle ihre Sorgen mit uns zu teilen, und nach der zweiten hat Sabine deren Einverständnis, Alfi über seinen aktuellen Zustand verhören zu dürfen. Als Charlie zur Toilette geht, sagt Sabine zu mir: »Ich muss sichergehen, dass sie Vorsorge getroffen hat und abgesichert ist, sonst steht sie am Ende ohne alles da. Wer weiß, wie lange der Alte noch am Leben ist und was seine Kinder aus erster Ehe alles in die Wege leiten werden, wenn die riechen, dass es eventuell demnächst was zu holen gibt.«

Ich bin kurz davor, sie erneut anzublaffen und ihr ihr nicht vorhandenes Mitgefühl vorzuwerfen. Stattdessen nehme ich mein Glas und kippe meinen Kommentar mit einem großen Schluck hinunter. Für heute hatten wir genug und eine erneute Auseinandersetzung würde Charlie nicht vertragen, die gerade wieder zu uns an den Tisch zurückkehrt.

Könnte ich doch nur ein bisschen mehr so sein wie sie. Mit ihrer zierlichen Figur, den sanften rehbraunen Augen und (vollgespritzten) Lippen gleicht Charlie einer Porzellanpuppe, die bei allem und jedem den Beschützerinstinkt aktiviert. Man(n) – und selbst Frau – will sie einfach nur in den Arm nehmen und alles Böse von ihr fernhalten. Unvorstellbar, dass dieses zarte Wesen in einer Welt aufgewachsen ist, in der Alkohol und Gewalt auf der Tagesordnung standen. Details aus Charlies Vergangenheit kennen wir so gut wie keine, und das, obwohl wir seit über vier Jahren miteinander befreundet sind. Der einzige Moment, in dem sie es mir erlaubte, hinter ihre Kulisse aus Liebenswürdigkeit und guter Laune zu blicken, war damals im Krankenhaus, als ich Lilly zur Welt brachte. Da Mark im Stau auf der Autobahn feststeckte, war es Charlie, die meine Hand hielt, während ich vor Wehenschmerzen fast gestorben bin. Dort gestand sie mir, dass ihre erste und einzige Schwangerschaft einst mit einer Totgeburt endete. Das Herz des Mädchens hatte im sechsten Monat aufgehört zu schlagen, einfach so. Ich musste Charlie damals hoch und heilig versprechen, das auch ja für mich zu behalten und weder Sabine noch Fredi ein Sterbenswörtchen zu verraten. Dass meine Tochter den Namen ihres verstorbenen Mädchens trägt, ist bis heute unser Geheimnis. Es verbindet uns beide miteinander und verleiht Charlies Beziehung zu Lilly etwas Besonderes. Sie hat einen Draht zu meiner Tochter, wie sonst niemand außer ihr, und immer dann, wenn ich mein eigenes Kind am wenigsten verstehe, ist es Charlie, die genau weiß, was Lilly gerade bewegt und was sie in dem Moment braucht. Das war von Anfang an so, als sie meine neugeborene Tochter in ihren Armen hielt und unter Tränen versprach, immer für sie da zu sein.

»Karin? Karin? Was ist los mit dir?«, reißt mich Sabine aus meinen Erinnerungen. »Gehen wir noch zu Giovanni?«

»Ich will nach Hause«, platzt es aus mir heraus, noch bevor ich darüber nachdenken kann, was ich da gerade sage.

»Warum? Unsere Kinder sind bestens betreut bei Ludmilla.«

»Ich will zu meinem Kind. Ist so ein Gefühl. Apropos Gefühle, wolltest du nicht über deine reden?«, blicke ich Sabine herausfordernd an.

»Nun, ich habe das Gefühl, dass das eine blöde Entscheidung von dir ist und du mit uns zum Italiener kommen solltest«, erhalte ich als Antwort. Wie immer muss Sabine alles ins Lächerliche ziehen, um die Kontrolle zu bewahren.

»Ehrlich gesagt möchte ich auch lieber nach Hause zu Alfi«, gesteht Charlie, »und sichergehen, dass es ihm gut geht. Er hatte heute einen langen Tag und ich wäre gerne da, wenn er von seinem Termin nach Hause kommt.«

Sabine straft uns beide mit einem Blick, der zwischen Verachtung und Abscheu schwankt und eindeutig verrät, dass ihr dieses abrupte Ende des Tages überhaupt nicht zusagt.

»Willst du nicht auch nach Hause zu deiner Familie?«, fragt Charlie vorsichtig.

Sabine setzt ihr volles Glas an den Mund und leert es in einem Zug. Spannung liegt in der Luft. Charlie und ich werfen uns fragende Blicke zu. Ich habe keine Ahnung, was nun folgen wird, also sage ich: »Kommst du jetzt mit mir mit oder ...?«

»Klar doch! Fahren wir alle nach Hause zu unseren Familien in unsere heilen Welten.« Dann knallt sie einen Hunderter mit der flachen Hand auf den Tisch, geht ohne ein weiteres Wort zur Garderobe, nimmt ihren Mantel vom Haken und verschwindet nach draußen.

»Was hat sie denn?«, versteht Charlie die Welt nicht mehr.

»Keine Ahnung«, gestehe ich. Was ich aber mit Sicherheit weiß, ist, dass hier gerade alles andere als ein Versöhnungstrunk stattgefunden hat. Stattdessen tut sich gefühlt zunehmend eine Kluft zwischen uns dreien auf und ich kann mir nicht erklären, woher diese kommt und was genau uns Stück für Stück auseinandertreibt. Etwas hat sich verändert zwischen uns, aber ich kann es noch nicht greifen.

Der Nachteil, wenn du mit einer deiner besten Freundinnen Haustür an Haustür wohnst und aktuell dicke Luft herrscht, ist, dass die gemeinsame Rückfahrt im Taxi nach Hause zur reinsten Zerreißprobe für deine angespannten Nerven wird. Keine von uns beiden sagt ein Wort und jede blickt stumm aus ihrem Fenster.

In unserer Straße angekommen, bezahle ich den Fahrer, während Sabine meine Tochter zu mir schickt und sich lediglich mit einem »Bis bald« verabschiedet.

Ich verbringe den Rest des Nachmittags spielend mit Lilly, sauge deren Lebendigkeit auf und beneide ihre Unbeschwertheit. Die größte Sorge im Leben meines Kindes besteht in der Auswahl ihrer Anziehsachen für den nächsten Kindergartentag. Und wenn Lilly sich mit ihrer alleralleral-lerbesten Freundin zofft, dann ist am nächsten Tag alles vergeben und vergessen, als hätte es diesen Streit nie gegeben.

Warum funktioniert das nicht bei uns Erwachsenen?

Kapitel 4

Für den Rest der Woche herrscht Funkstille zwischen Sabine, Charlie, Fredi und mir. Das hat es zuvor noch nie gegeben. Jeder ist für sich und kämpft mit seinen eigenen Dämonen, wovon die anderen nichts mitbekommen. Auch um Fredi ist es verhältnismäßig still, obwohl sonst er meist als Bindeglied zwischen uns funktioniert. Aber auch das hat sich verändert.

Auffallend fürsorglich verhält sich dagegen mein Mann. Keine Streitereien, keine Diskussionen, dafür endlich mal wieder Sex, bei dem er sich erstaunlich viel Mühe gibt und ich voll und ganz auf meine Kosten komme. Die zunehmende Entfernung zu meinen Freunden bringt mich ihm wieder näher. Sie fehlen mir zwar, aber Mark zu spüren und seine volle Aufmerksamkeit zu empfangen, füllt meine Sehnsucht nach Harmonie und Geborgenheit auf, wofür sonst Sabine, Charlie und Fredi zuständig waren.

Am Valentinstag kommt er sogar extra früher aus dem Büro nach Hause. Nachdem wir Lilly mit ihrem Übernachtungsköfferchen bei meiner Schwester abgegeben haben, machen wir uns auf den Weg in die Innenstadt. Unterwegs zaubert Mark im Taxi zwei kleine Piccolo-Fläschchen hervor und wir stoßen noch auf der Fahrt ins Restaurant gemeinsam auf unseren romantischen Abend an. Ich schwebe förmlich und bin so glücklich wie schon lange nicht mehr. Vergessen ist mein Gefühl von Leere und Einsamkeit, schließlich habe ich meine eigene, kleine Familie und selbst meine Schwester entpuppte sich in den vergangenen Wochen als durchaus amüsant und unterhaltsam, sobald sie ihren Spießerhaushalt verlassen hatte. Außerdem verbindet uns nun eine gemeinsame Immobilie an der Ostsee und wer weiß, vielleicht werden wir dort noch den ein oder anderen Urlaub gemeinsam verbringen? Etwas, was ich mir vor wenigen Monaten nicht ansatzweise hätte vorstellen können.

Genauso wenig, wie heute Abend in diesem exklusiven und sauteuren Restaurant zu sitzen, wo man den Tisch bereits Monate im Voraus bestellen muss. Der Laden ist üblicherweise restlos ausgebucht und für Normalsterbliche unerschwinglich. Es gibt keine einzige Vorspeise unter vierzig Euro und ein ganzes Menü ohne Getränke schlägt mit zweihundertzwanzig Euro zu Buche.

»Haben wir im Lotto gewonnen?«, frage ich meinen Mann spaßeshalber.

»Du bist mein Hauptgewinn«, beugt er sich zu mir herüber und küsst mich lange und ausgiebig auf den Mund. Wow!

Ich bin froh, mich gegen das kleine Schwarze aus ›Charlie's Boutique‹ entschieden zu haben. So schick und aufregend es auch war, wäre ich darin völlig overdressed gewesen. Das Publikum hier zeichnet sich durch lässiges Understatement aus. Casual Chic dominiert den Raum und ich füge mich mit meiner Relaxed-fit-Hose und eng anliegendem Kaschmirrolli in Beigetönen nahtlos in das nonchalante und reduzierte Ambiente ein. Die Hose lässt dank ihrer dehnbaren Bündchen außerdem noch ein Dessert zu, denn wider Erwarten füllen mich die acht Portionen ordentlich ab. Ich befürchte, beim anschließenden Sex zu Hause, der mit Sicherheit folgen wird, furzen zu müssen. Muss ich eben lauter stöhnen, denke ich mir und schiebe das letzte Gäbelchen Soufflé in mich hinein.

»Bist du glücklich?«, fragt mein Mann zum Abschluss, nachdem der Kellner uns den Grappa serviert hat.

»Rundum satt und zufrieden«, tätschele ich mit beiden Händen meinen vollen Bauch.

»Ich meine so allgemein, Karin. Bist du glücklich?«

Was ist denn mit dem los? Das hat er mich noch nie gefragt. Am Anfang unserer Beziehung vielleicht einmal, aber dann kam ungeplant ein Kind dazu, wir haben geheiratet, ein Haus gekauft, er macht seinen Job, ernährt die Familie, ich kümmere mich um unseren Nachwuchs, den Kühlschrank und Elternabende. Wir leben unseren Alltag und funktionieren, so gut es eben geht. In den letzten Tagen deutlich besser als die Monate davor. Intensiver. Bin ich glücklich?

»Ja«, lautet daher meine automatische Antwort.

»Ich liebe dich, Karin. Das sage ich dir viel zu selten, aber ich tue es. Und zwar von ganzem Herzen.«

»Ich dich auch«, hauche ich und küsse ihn, so richtig intensiv mit Zunge und allem Drum und Dran. Wären wir nicht in der Öffentlichkeit, würde ich an Ort und Stelle über ihn herfallen. Die harmonische Atmosphäre, der erotische Kuss und der Alkohol entfalten ihre volle Wirkung und ich kann es kaum erwarten, ihm endlich die Klamotten vom Leib zu reißen.

Als unsere Münder voneinander loslassen, nimmt Mark mein Gesicht in seine beiden Hände, sieht mir tief in die Augen und sagt: »Lass uns nach Hause fahren und noch ein Baby machen.«

WAAAAS? Wie bitte? Mein Gesicht erstarrt in seinen Händen und mein Körper ist plötzlich taub. Noch ein Kind? Ernsthaft? Diesmal wäre es wenigstens geplant. Aber will ich das?

»Was sagst du dazu?«, drängt Mark auf eine Antwort. Tausende von Fragen schwirren durch meinen Kopf und ich kann keinen klaren Gedanken fassen.

Was sage ich dazu? Ich habe keine Ahnung. Ich weiß es nicht. Will ich das? Seit wann will er das? Wie wird unser Leben dann aussehen? Mein Leben? Will ich das wirklich? Wie soll das funktionieren? Was wird aus meinen Träumen? Habe ich überhaupt noch welche? Was will ich eigentlich?

»Ich ...«, setze ich gerade an und werde vom wiederholten Klingeln meines Handys unterbrochen. Als Mutter bist du immer auf Empfang. Völlig egal, wie gut dein Kind betreut wird, du hast immer Dienst und bist ständig in Bereitschaft. Da es bereits nach dreiundzwanzig Uhr ist und um diese Zeit niemand anrufen würde, wenn es kein Notfall wäre, befürchte ich, es könnte etwas mit Lilly passiert sein. Ich befreie mein Gesicht aus Marks Händen, krame hektisch in meinem XXL-Shopper nach meinem Handy und gehe ran, ohne auf das Display zu schauen.

Am anderen Ende der Leitung ertönt aber nicht die Stimme meiner Schwester, sondern die von Sabine, die mir mitteilt, dass es einen Notfall gegeben hat und sie jetzt zu Charlie ins Krankenhaus fahren wird. Die sei dort völlig überfordert, stehe unter Schock und brauche dringend unsere Hilfe. Und dann erfahre ich, warum.

Alfi hatte einen Herzinfarkt.

Keine fünfzehn Minuten später stürme ich in die Notaufnahme des Krankenhauses, in das Alfi eingeliefert wurde. Dort finde ich die aufgewühlte Charlie im roséfarbenen Seidenpyjama, über ihren Schultern eine schwere Baumwolldecke des Krankenhauses, das nur einen Katzensprung vom Restaurant entfernt liegt. Die Strecke bin ich gerannt und komme lange vor Sabine und Fredi an, die noch in ihren Autos auf dem Weg hierher sitzen. Da Charlie nicht in der Lage ist, einen zusammenhängenden Satz hervorzubringen, rede ich mit dem behandelnden Arzt und erledige die Anmeldeformalitäten. Alfi muss sofort notoperiert werden und befindet sich bereits auf dem Weg in den OP. Ihm wird ein zentraler Venenkatheter gelegt und ein Stent eingesetzt. Der Verlauf der nächsten Stunden sei entscheidend darüber, ob und wie es mit ihm weitergeht und welchen Schaden sein Herz bereits erlitten hat. Als Charlie den Notruf wählte, war Alfi bereits bewusstlos. Daher zählt nun jede Sekunde.

Ich verpacke die Informationen für Charlie weniger dramatisch und erkläre ihr, dass Alfi sich in den besten Händen befindet und alles gut werden wird. Die medizinischen Details lasse ich weg, die würden sie schlichtweg überfordern. Dankbar registriere ich die Ankunft von Sabine. Ihre kühle Art wirkt beruhigend auf Charlie und ich kann für uns alle Kaffee besorgen gehen.

Als ich vom Automaten zurückkomme, ist auch Fredi zwischenzeitlich eingetroffen. Er bietet Charlie die männliche Schulter zum Anlehnen, die sie so dringend braucht. Ich verteile die drei Kaffeebecher an meine Freunde und ziehe erneut los, um einen weiteren Kaffee für mich zu besorgen. Dabei verlangsame ich meine Schrittgeschwindigkeit, atme tief durch und rekapituliere den Verlauf des heutigen Abends.

Mein Mann will ein zweites Kind, während der von Charlie gerade um sein Leben kämpft. Es könnte daher keinen unpassenderen Moment geben, um bei meinen Freunden nach Rat zu suchen. Wie ein Damoklesschwert schwebt Marks Frage über meinem Kopf. Beantwortet habe ich sie ihm nicht, weil der rettende und gleichzeitig tragische Anruf von Sabine dazwischenkam. Aber wie lange werde ich darum herumkommen? Und kann ich ihm momentan überhaupt eine Antwort darauf geben? Oder gar mir selbst?

»Sie müssen schon auf einen der Knöpfe drücken, sonst passiert nix«, motzt mich eine männliche Stimme von hinten an.

Das Geld habe ich bereits in den Automaten eingeworfen, bevor mich meine Gedanken überrollten. Ich wähle ›Kaffee schwarz‹. Ich hasse schwarzen Kaffee, aber das Milchpulver in den Automaten färbt die Brühe lediglich ein, anstatt ihr einen sanfteren Geschmack zu verleihen. Mit Milch hat das nicht im Entferntesten was zu tun, auch wenn es draufsteht. Als ich mich abwende und Richtung Wartebereich entferne, wird das mit einem »Na endlich« kommentiert. Zu spät fällt mir auf, dass ich vergessen habe, mein Wechselgeld zu entnehmen, welches sich dieser unfreundliche, ekelhafte Typ bestimmt in die eigene Tasche steckt, anstatt mich darauf hinzuweisen. Aber ich bin zu erschöpft und gedankenschwanger, mich jetzt mit so jemandem auseinanderzusetzen, und gehe daher einfach weiter. Sabine hätte keine Probleme damit. Es könnte ihr eigenes Kind sein, das da gerade auf dem OP-Tisch liegt, trotzdem würde sie sich das nicht gefallen lassen, weder den Ton noch den Verlust ihres Wechselgeldes. So ist sie eben, und so sehr ich das auch bewundere, schreckt es mich gleichzeitig ab. Wie viel Sabine wohl schon in mir steckt, nach über vier Jahren Freundschaft? Anscheinend genügend, um ein weiteres Kind als zusätzliche finanzielle Absicherung in Erwägung zu ziehen.

Als ich zurückkehre, ist Charlie an Fredis Schulter vor Erschöpfung eingenickt. Schützend hat er seinen Arm um sie gelegt und ihren Körper zusätzlich mit seiner Winterjacke bedeckt. Sabine spricht an der Rezeption mit dem Krankenhauspersonal und tut das, was sie am besten kann: Sachen regeln. Wie immer mit Erfolg, denn wir können ein freies Privatzimmer beziehen, in dem neben dem Besucherbett noch eine Schlafcouch für uns zurechtgemacht wird. Wir wecken Charlie und ziehen um. Dann entscheidet Sabine, dass sie zu Charlie nach Hause fahren und dort Sachen für sie und Alfi packen wird, Fredi sich für morgen schon mal krankmelden soll und ich entscheiden kann, ob ich lieber nach Hause zu meinem Mann und unserem abgebrochenen Date fahren oder hierbleiben möchte. Ich habe das längst für mich entschieden, bevor Sabine zu Ende gesprochen hat. Erschrocken von meiner eigenen Entschlossenheit ziehe ich mein Handy aus der Tasche und texte Mark: *Es ist ernster als befürchtet. Die Ärzte operieren noch und Charlie steht unter Schock. Ich kann sie auf keinen Fall alleine lassen!*

Es dauert eine Weile, bis Mark antwortet. Wahrscheinlich ist er bereits eingeschlafen.

Was ist mit den anderen? Können die nicht bleiben?

Sprachlos starre ich auf das Display und frage mich, wohin der sanfte und verständnisvolle Mann von vor zwei Stunden verschwunden ist. Befände sich einer seiner besten Freunde in dieser Situation, wäre es für mich überhaupt keine Frage, ob er bliebe, im Gegenteil, es wäre selbstverständlich. Das Gleiche wünsche ich mir schließlich auch von meinen Freunden. Und ich weiß hundertprozentig, dass ich mich auf sie verlassen kann, auch wenn unser Kontakt zueinander momentan nicht gerade der beste ist.

Komm nach Hause Karin. Wir wollen schließlich ein Baby machen ;-), lese ich den zweiten Teil seiner Nachricht, die er ein paar Minuten später hinterherschickt.

Bang! Da steht es. Er hat bereits für mich entschieden. Und jetzt? Zettele ich via Whatsapp den nächsten Streit an oder tue so, als wäre nichts geschehen, und übergehe das Thema? Fragen kann ich Fredi oder Charlie in dem Moment nicht, das wäre unsensibel und egozentrisch. Ich könnte Sabine fragen, sobald sie wieder zurück ist. Aber das will ich nicht. Ich vertrage gerade keine rationale Antwort, die der Wahrheit dahinter womöglich viel zu nahe kommt. Also behalte ich das Thema vorerst für mich und antworte: *Die Ärzte kommen, melde mich später.* So sieht also meine Lösung für den Moment aus. Ich stecke den Kopf in den Sand. Da Lilly bei Claire übernachtet, die sie morgen auch in den Kindergarten bringt, habe ich Zeit zum Nachdenken. Spätestens am Mittag muss ich mein Kind wieder abholen, und selbst wenn ich mich länger vor Mark und seinem Kinderwunsch verstecken müsste, könnte ich länger bleiben und Lilly weiterhin bei meiner Schwester unterbringen. Die setze ich ebenfalls über die jüngsten Ereignisse in Kenntnis (den Kinderwunsch meines Mannes lasse ich weg), auch wenn sie meine Nachricht erst morgen früh lesen wird. Wenigstens ist sie vorgewarnt.

An Hilfsangeboten mangelt es mir jedenfalls nicht. Ein zweites Kind wäre dahingehend durchaus machbar.

Die letzte Nacht steckt uns allen in den Knochen. Fredi ist auf dem Heimweg, um dort zu duschen und seine Klamotten zu wechseln. Er ist sehr speziell, was seine Körperpflege anbelangt, und er kann sich nur in seinem eigenen Wellnessbereich so wiederherstellen, dass er den Rest des Tages einsatztauglich ist. Seine Worte – nicht meine!

Sabine hat für uns Frauen gesorgt, die keine Probleme damit haben, sich in dem Privatbad des Privatzimmers mit dem Duschgel aus dem Krankenhauskiosk zu reinigen. Da weder Sabine noch ich Platz in Charlies Konfektionsgröße 32/34 haben, hat sie von Magda eine Auswahl an Jogginganzügen mitgebracht. Ich sitze also frisch geduscht auf dem Sofa, eingehüllt in ein graues Sweatshirt mit irgendeinem polnischen Aufdruck, den ich weder lesen noch aussprechen, geschweige denn verstehen kann. Die passende Hose dazu ist mir etwas zu kurz, da Magda locker zehn Zentimeter kleiner ist als ich. Zum Glück hatte ich gestern Abend Stiefeletten mit Blockabsatz an, die meine blanken

Knöchel überdecken und dabei in Kombination mit meinem Outfit noch halbwegs leger aussehen. Wenn ich meinen XXL-Schal um den Hals drapiere, gehe ich fast als modisch durch.

Sabine kommt nur in ein Handtuch gewickelt aus dem Bad, sieht sich kurz um und sagt: »Schade, ich dachte, ich hätte die Stimme des Herzchirurgen gehört.«

»Sabine!«

»Was denn? Du musst schon zugeben, dass der wahnsinnig gut aussah, trotz der Achtundvierzig-Stunden-Schicht. Was meinst du, was der hermacht, wenn er ausgeschlafen ist?«

»Der sah auch sehr verheiratet aus, mit dem goldenen Ring an seiner Rechten!«

»Das ist ein Grund, aber kein Hindernis.«

»Sabine!«

»Sabine, Sabine«, äfft sie mich nach. »Kannst du noch was anderes außer meinem Namen? Wo ist eigentlich Charlie?«, fragt sie mit Blick auf das leere Bett.

»Die ist mit dem verheirateten Herzchirurgen zu Alfi auf die Intensivstation gegangen, um die Operation nachzubesprechen.«

»Um Himmels willen, Karin! Das arme Ding versteht da doch kein Wort. Los, nix wie hin mit dir. Ich ziehe mich schnell an und komme gleich nach«, scheucht sie mich aus dem Zimmer.

Ich gehorche, schnappe mir meinen XXL-Schal und mache mich auf den Weg. Am Eingang zur Intensivstation ist allerdings Schluss für mich, man verwehrt mir den Zugang. Ich versuche, so gut es geht, der Schwester klarzumachen, dass es Verständnisprobleme gibt und meine Freundin Hilfe benötigt. Es so zu formulieren, dass Charlie nicht als totale Vollidiotin dasteht, ist eine echte Herausforderung.

»Spricht ihre Freundin Deutsch?«, will Oberschwester Hildegard von mir wissen (alle, die die Serie ›Die Schwarzwaldklinik‹ noch kennen, haben jetzt ein genaues Bild vor Augen – alle anderen googeln bitte schnell nach).

Ich bejahe ihre Frage.

»Dann gibt es auch keine Verständigungsprobleme. Und jetzt lassen Sie mich gefälligst meinen Job machen, ich habe Komapatienten zu versorgen!«, lässt mich der Giftzwerg einfach stehen.

Aus der Ferne joggt zum Glück Sabine an. Im Gegensatz zu mir trägt sie nicht Mausgrau, sondern Rubinrot. Den ollen Jogginganzug hat sie so zurechtgezupft, dass die Hose wie eine Leggings sitzt und ihre durchtrainierten Beine zur Geltung bringt. Dem Oberteil – ich traue meinen Augen kaum! – hat sie einen ordentlichen V-Ausschnitt verpasst, der den oberen Spitzenrand ihres schwarzen BHs freilegt. Fehlt nur noch das Stirnband und sie würde glatt als die junge Jane Fonda durchgehen (jeder, der die noch kennt, hat auch davon ein Bild vor Augen – alle anderen ... Ihr wisst schon).

»Warum bist du nicht bei Charlie?«, blafft mich die Jane-Fonda-Kopie an.

»Was hast du mit Magdas Oberteil angestellt?«, starre ich auf ihren Mega-Ausschnitt.

»Aufgepeppt und ein bisschen Luft verschafft mithilfe einer Verbandsschere. Ich kaufe ihr ein neues Outfit. Also, warum stehst du hier rum?«

»Die Türsteherin lässt mich nicht durch. Keine Chance, weil ich nicht zur Familie gehöre und Charlie Deutsche ist.«

»Hä? Egal. Hey, Sie da! Ja, genau Sie!«, schreit Sabine die Oberschwester Hildegard quer über den totenstillen Gang der Intensivstation an, wo lediglich das lebenserhaltende Piepen der medizinischen Geräte zu hören ist.

Mit Erfolg. Wie immer. Helga macht auf dem Absatz kehrt und kommt in Windeseile mit hochrotem Kopf und erhobenem Zeigefinger zu uns zurück. Sie will gerade den Mund aufmachen, da nimmt Sabine ihr direkt den Wind aus den Segeln und schleudert ihr Begriffe wie nahestehende Verwandte, Rechtsbeistand, Vorgesetzter und Bericht an die Klinikleitung entgegen, zitiert irgendwelche Paragraphen und schmeißt mit Fremdwörtern um sich, von denen ich nie zuvor gehört habe.

Es dauert keine zwei Minuten und wir stehen bei Alfi am Krankenbett. Der smarte Herzchirurg staunt nicht schlecht, als Sabine ihn mit den Worten: »So, und jetzt bitte noch einmal ganz in Ruhe und von vorne, Sie Herzensbrecher«, begrüßt.

Wir erfahren, dass ein Bypass gelegt werden musste, was die Öffnung des Brustkorbs erforderte. Im Anschluss an diesen massiven Eingriff wurde Alfi ins künstliche Koma versetzt und steht nun unter strenger Beobachtung, um die Auswirkungen auf seinen geschwächten Körper zu überwachen und einen möglichen Schlaganfall zu verhindern. Charlie hängt leichenblass in unseren Armen und wir müssen aufpassen, dass sie zwischen uns nicht zusammenbricht. Ich führe sie schließlich aus dem Raum, in dem ihr geliebter Mann an Schläuchen hängt und künstlich beatmet wird. Es ist einfach alles zu viel für sie.

Als wir auf dem privaten Stationszimmer ankommen, ist Fredi mittlerweile wieder zurückgekehrt und ich übergebe Charlie an ihn, um mich bei meiner Familie mit den neusten Entwicklungen zu melden. Claire bietet sofort an, sich so lange wie nötig um Lilly zu kümmern und mir Sachen ins Krankenhaus zu bringen, Mark erreiche ich nicht und texte ihm daher in Steno das Wichtigste. Da ich mir seine Antwort nur zu gut ausmalen kann und davon ausgehe, dass die wenig aufbauende Worte beinhalten wird, schalte ich mein Handy auf stumm und verstaue es im Schranktresor.

Ich brauche eine Pause, ziehe mich in die Cafeteria des Krankenhauses zurück und nehme mit einem Latte macchiato an der großen Fensterfront Platz. Draußen hat es inzwischen wieder begonnen zu schneien und die Parkanlage des Krankenhauses versteckt sich unter einer weißen Decke. *Genau wie ich*, schießt es mir durch den Kopf. Auch ich verstecke mich hier hinter Alfis Herzinfarkt und meiner Fürsorglichkeit Charlie gegenüber vor den Erwartungen meiner Familie. So tragisch die Umstände auch sein mögen, so dankbar bin ich für diese kleine Fluchtmöglichkeit aus meinem Alltag. Kein Kind, das bespaßt werden muss, und kein Mann, der mir noch mehr Kind in meinem Leben bescheren will. Nur ich, mein Latte macchiato und die lebensbedrohliche Situation des Ehemannes meiner besten Freundin. Wann hatte ich das das letzte Mal? Nicht die tragischen Rahmenbedingungen, sondern Zeit für mich ganz alleine? Ich verbringe meine Tage entweder mit meinem Kind, meiner Schwester, meinem Mann oder meinen Freunden. Immer ist jemand da oder um mich herum. Das letzte Mal alleine saß ich in Begleitung einer Flasche Chardonnay auf dem heimischen Sofa. Und richtig alleine war ich da nicht wirklich, sondern nur einsam. Wie geht das überhaupt, alleine sein? Dreht man da nicht völlig durch, weil niemand da ist und einen jeder anstarrt und bemitleidet, weil man alleine dasitzt und seinen Kaffee alleine trinken muss? Ich bekomme direkt Herzrasen, kippe den letzten Schluck beim Verlassen der Cafeteria hinunter, stelle das leere Glas am Ausgang auf dem Servierwagen ab und renne zurück in die gesellschaftlichen Arme von Charlie und Fredi.

Kapitel 5

Im Nachhinein betrachtet waren die Tage bei Charlie im Krankenhaus die reinste Erholung. Allerdings nur für mich und weniger für Charlie. Sabine und ich haben uns abgewechselt. Ich bin immer dann nach Hause gefahren, wenn ich sichergehen konnte, dass Mark nicht da war. Unser Kontakt beschränkte sich in der Zeit auf Textnachrichten und ein paar Anrufe, bei denen es hauptsächlich um die Koordination von Lillys Betreuung ging. Die ersten Nächte habe ich im Krankenhaus bei der völlig aufgelösten Charlie geschlafen. Das Babythema zu Hause war vorerst vom Tisch.

Dachte ich.

Was ich bei all der Aufregung komplett vergessen hatte, war meine Antibabypille. Als mir genau das das letzte Mal passierte, hat mir meine Nachlässigkeit eine ungeplante Schwangerschaft beschert. Zwei Tage keine Hormone geschluckt und zack, bist du lebenslang Mutter. Für den Rest des Monats musste ich also auf Migräne, Müdigkeit und Stimmungsschwankungen zurückgreifen, um den Klauen meines fortpflanzungswütigen Ehemannes zu entkommen. Als meine langersehnte Periode einsetzte, hätte ich am liebsten eine Antibabyparty geschmissen.

Mark dagegen stand eines Tages plötzlich bei einem unserer zufälligen Treffen zu Hause vor mir, das druckfrische Rezept meiner Gynäkologin in seinen Händen haltend, und meinte breit grinsend: »Das lag für dich in der Post. Aber das brauchen wir ja jetzt nicht mehr.« Anschließend beförderte er es in den Müll, nachdem er es direkt vor meinen Augen demonstrativ zerrissen hatte. Da saß ich, wie gelähmt und völlig unvorbereitet, weil ich das Thema erfolgreich verdrängt hatte. Meine Vogel-Strauß-Taktik war ordentlich nach hinten losgegangen. Er hatte seine Entscheidung längst getroffen. Ich meine noch lange nicht.

Zeit verschaffte mir dann Lillys Grippe, während der ich für zwei Wochen in ihr Zimmer einzog und mich Tag und Nacht aufopferungsvoll um sie kümmerte, ohne zu meckern. Marks Geschäftsreisen und Abendveranstaltungen mehrten sich und sorgten für einen weiteren Puffer. Dass ich heimlich ein neues Rezept bei meiner Frauenärztin abholte und den Blister vor ihm versteckte, ließ mich bedenkenlos ins eheliche Schlafzimmer zurückziehen und dort meinen ehelichen Pflichten nachkommen.

Alfi wurde nach drei Wochen Krankenhausaufenthalt entlassen. Für die anschließende Reha hatte er sich ein exklusives Refugium in der Schweiz ausgesucht. Vor seiner Abreise bestellte er uns alle zu sich nach Hause mit der Ankündigung, dass es dringend sei. Charlie würde nicht anwesend sein und Alfi erlegte uns ihr gegenüber eine

Schweigepflicht auf. Sabine mutmaßte bereits, dass er sich aktive Sterbehilfe holen wolle und wir die Formalitäten für Charlies Adoption regeln sollten, da sie alleine nicht zurechtkommen würde und einen Vormund bräuchte. Ihre Anwalts-DNA ging mal wieder mit ihr durch, denn Alfis Anliegen war ein anderes. Er bat uns eindringlich, während seiner Abwesenheit auf seine empfindsame Frau aufzupassen. Da er sichergehen wollte, dass diese sich ebenfalls von den Strapazen erholen, Kräfte sammeln und nicht ständig zu ihm in die Schweiz reisen würde, hatte Alfi seine Reha nach hinten verschoben. In dieser Zeit organisierte er auch Charlies Auszeit, für die er sie wegschicken wollte. Und zwar so weit weg, dass ein Eben-mal-nach-Hause-Fahren logistisch unmöglich wäre. Dann packte er die Tickets auf den Tisch und uns fielen allesamt die Kinnladen runter. Selbst die sonst so abgebrühte Sabine saß völlig sprachlos da und schnappte nach Luft. »Das können wir unmöglich annehmen!«, brachte sie dann hervor.

»Das ist nicht für euch, sondern für meine Frau. Sie ist mein Ein und Alles, mein Augapfel, meine Perle, mein Leben. Wenn ich weiß, dass es ihr gut geht, dann kann auch ich genesen. Ich liebe meine Frau, aber wenn sie bei mir ist, habe ich ständig das Bedürfnis, mich um sie zu kümmern. Jetzt aber muss ich mich um mich selbst kümmern, um anschließend wieder voll und ganz für sie da sein zu können. Und deshalb brauche ich eure Hilfe. Wollt ihr mir helfen?« Natürlich wollten wir. Und sagten zu.

Die Zusage meiner Hilfsbereitschaft bescherte mir eine abendfüllende Diskussion mit meinem Gatten, der null Komma null Verständnis meiner Loyalität Alfi und Charlie gegenüber aufbrachte.

Sabine berichtete lebhaft von Franks Vorwürfen, sie würde ihre Paartherapie nicht ernst nehmen und vor dem bevorstehenden Durchbruch davonlaufen.

Fredis Zusage war im Vergleich zu den unseren ein Kinderspiel. Keine Kinder, keine Ehe, keine Verpflichtungen. Lediglich eine inoffizielle Liebschaft, welche den Strapazen heimlicher Treffen inklusive wochenlanger physischer Kontaktlosigkeit bereits seit mehr als zwei Jahren standhielt. Da kam es auf zehn Tage mehr oder weniger auch nicht an.

Mark schmollte und daher musste ich mich im Alleingang um die Organisation von Lillys Betreuung während meiner Abwesenheit kümmern. Dabei griff die Nachbarschaftshilfe bestehend aus meiner Schwester, Ludmilla und Regine wie ein Zahnrad ineinander über und für Katastrophen- und Krankheitsfälle gab es mehrere B-Pläne. Selbst meine Schwiegereltern erklärten sich bereit, zwei ganze Wochenenden mit ihrer Enkelin zu verbringen. Als ich ihnen von Alfis Krankengeschichte berichtete und nebenbei zufällig erwähnte, dass sie im gleichen Alter wie er seien, sagten sie zu, noch bevor sie überhaupt wussten, wo es für mich hingehen sollte.

Und so stehe ich seit nunmehr zwei Stunden vor meinem Kleiderschrank und überlege krampfhaft, was man für eine Ayurveda-Kur auf den Malediven alles im Gepäck haben sollte.

Kapitel 6

Die Hitze, die mir beim Verlassen des Fliegers entgegenschlägt, raubt mir fast den Atem. Nach knapp zehn Stunden im Flugzeug sind wir endlich auf der Hauptinsel Malé angekommen. Es weht kein Windchen, die Luft brennt und man könnte ohne weitere Hilfsmittel an Ort und Stelle einen Schinken garen.

Ich befinde mich mitten im Indischen Ozean. So weit weg von zu Hause war ich noch nie. Selbst mit Mark haben wir es nicht bis über die Kanaren hinaus geschafft. Die viereinhalb Stunden Flugzeit dorthin sind das Maximum, was unsere Nerven mit Kleinkind aushalten. Ein familiärer Übersee-Trip? Unvorstellbar. Anders verhält es sich dagegen, wenn du dich auf einem Langstreckenflug ausschließlich um dich und deine eigenen Bedürfnisse kümmern musst. In meinem Fall waren das diverse Piccolo-Fläschchen, drei volle Mahlzeiten und sechs Filme aus dem Bordprogramm, die ich im Kino verpasst habe, weil mich Kinderkrankheiten oder eben ein Elternabend in Schach hielten.

Charlie dazu zu bewegen, in den A 380 zu steigen, war Schwerstarbeit. Ihr schlechtes Gewissen Alfi gegenüber hätte sie fast um den Verstand gebracht, aber mit vereinten

Kräften konnten wir sie letztendlich dazu überreden, dem ausdrücklichen Wunsch ihres Mannes nachzukommen. Das taten wir schließlich auch, indem wir als ihre Reisebegleitung einsprangen. Nicht ganz uneigennützig, zugegeben.

Den finalen Transfer mit dem Wasserflugzeug zu unserem Ressort habe ich mir auch anders vorgestellt. Weniger laut und weniger wackelig. Selbst die Kopfhörer, die wir aufhaben, können den ohrenbetäubenden Lärm der Propellermaschine kaum dämpfen. Das Bild aber, welches sich mir beim Blick aus dem Fenster darbietet, ist an Schönheit nicht zu übertreffen. Wie kleine Spiegeleier liegen die einzelnen Inselchen umgeben von türkisfarbenen Wasserrändern dort unten verteilt. Der Rest des unendlich wirkenden Ozeans ist tiefblau und lässt nur erahnen, welche Tiefen sich unter seiner Oberfläche erstrecken. Ich bin berauscht von dieser Schönheit und möchte gleichzeitig kotzen, da mir von dem unsanften Hin und Her des Flugzeugs schlecht geworden ist.

Als der Flieger auf dem Wasser aufschlägt, schreie ich laut auf. Das bemerkt aber keiner, weil alle diese Kopfhörer aufhaben. Wir sind gelandet und legen an einem Holzsteg an. Beim Aussteigen muss mir das Empfangspersonal unter die Arme greifen und mich stützen, so sehr wackeln meine Beine. Aber auch der Steg schwankt auf der Wasseroberfläche. Ich brauche dringend wieder festen Boden unter meinen Füßen, befreie mich aus den Fängen meiner Helfer und renne an den Strand, wo im Schatten der Palmen eine kleine Bar aufgebaut ist. Den Miniaturmülleimer daneben zweckentfremde ich kurzerhand und er bekommt meine volle Ladung Übelkeit ab. Willkommen im Paradies.

Ich entschuldige mich bei den umstehenden Zuschauern für meine spontane Kotzeinlage und suche nach einem geeigneten Abstellplatz für den vollen Eimer. Die Hitze verströmt den Geruch meines Erbrochenen und ich möchte auf der Stelle im Erdboden versinken.

Meine Freunde finden das anscheinend witzig.

»Und, wie war dein Urlaub so, Karin?«, nähert sich Fredis Stimme vom Steg her an.

»Zum Kotzen!«, imitiert Sabine meine Stimme und bricht in schallendes Gelächter aus. Haha.

Wer aber auch lacht, ist Charlie. Das erste Mal seit Langem. Dafür halte ich gerne her und stimme mit ein.

»Komm rüber zu uns, du Landei, hier gibt es Getränke«, winkt mich Fredi zu ihnen an die Bar, wo sie mittlerweile alle angekommen sind.

»Was soll das sein?«, ist Sabine angewidert, als ihr eine der Angestellten einen kleinen Becher reicht.

Wir anderen erhalten ebenfalls eines der Gefäße und meine Hände registrieren, dass die Flüssigkeit darin warm ist. Sollten Begrüßungscocktails nicht eisgekühlt sein? Vor allem bei den Temperaturen? Vorsichtig schnuppere ich an dem undefinierbaren Getränk und bekomme fast den nächsten Brechanfall.

»Das ist eine ayurvedische Reisbrühe«, werden wir von einem grauhaarigen Lockenkopf im gebatikten Kaftan höflich aufgeklärt, der mit uns angekommen ist.

»Aha. Und was soll ich damit?«, will Sabine von ihm wissen.

»Trinken.«

»Auf gar keinen Fall! Habt ihr Gin Tonic?«, wendet sie sich an die Bardame.

»Wir befinden uns hier in einem der neusten und besten Ayurveda Ressorts, hier gibt es keinen Alkohol. Namaste und herzlich willkommen«, lächelt die zurück. Sabine verstummt, aber bei ihrem Blick würde die Hölle sofort zu Eis gefrieren.

Ich kriege das Zeug auf keinen Fall runter. Mein Magen rebelliert und ich bräuchte dringend einen desinfizierenden Schnaps, um den Kotzgeschmack aus meinem Mund zu spülen. Daher frage ich: »Wie? Es gibt keinen Alkohol? Also hier und jetzt, aber auf dem Zimmer in der Minibar schon? Oder an einer anderen Bar? Oder zum Essen?«

»Ihr seid hier zum Ayurveda. Dabei geht es um das Ausreinigen von Giftstoffen und das Loslassen von negativen Energien im Sinne einer ganzheitlichen körperlichen und geistigen Regeneration. Alkohol ist da kontraproduktiv. Hat euch das denn keiner vorher erklärt?«, mischt sich der Gebatikte ein.

»Und wer bist du? Einer von den Zeugen Ayurvedas, oder was?«, zischt ihn Sabine an, die ihre Sprache wiedergefunden hat.

»Oh, ganz schlechte Energien. Ob da zehn Tage reichen«, wundert sich der Namenlose und entfernt sich kopfschüttelnd von uns.

»Also gut, kein Alkohol zur Begrüßung. Wo gibt es denn was zu essen?«, will Sabine den Dialog mit der netten Dame fortsetzen.

»Jetzt steht erst einmal die Ausreinigung auf dem Programm«, erklärt die.

»Und wenn die Zimmer fertig gereinigt sind?«

»Warum die Zimmer? Die sind bezugsfertig.«

»Aber eben sagten Sie ...«

»Du. Wir sind hier alle per Du.«

»... auch gut. Also du sagtest eben, die Zimmer müssten noch gereinigt werden?«

»Nicht die Zimmer. Ihr.«

»Oh ja, eine Dusche wäre jetzt prima«, pflichte ich ihr bei.

»Wir meinen damit die innere Ausreinigung. Aber das erklärt euch nachher alles euer behandelnder Arzt. Jetzt dürft ihr auf eure Zimmer und ganz achtsam ankommen.«

Ich verstehe nur Bahnhof. Seit wann braucht man im Wellnessurlaub einen Arzt? Unter einer Ayurveda-Kur stelle ich mir diverse Massagen, dazu ein bisschen Klangschalengesäusel im Hintergrund und die Teilnahme an einem freiwilligen Gemüsebuffet vor. Braucht es dafür wirklich ärztliche Aufsicht?

Die nette Dame namens Gabi, wie mir der Sticker auf ihrem Top, das über ihrem üppigen Busen spannt, verrät, führt uns zu den Unterkünften. Jeder bekommt ein Doppelzimmer zur Einzelnutzung in einem kleinen Wohnblock, der aus nur vier Einheiten besteht. Fredi und ich belegen die Zimmer im ersten Obergeschoss, Charlie und Sabine die beiden Zimmer im Erdgeschoss mit direktem Zugang zum Meer.

Auf meinem Zimmer angekommen, öffne ich als Erstes die gläserne Schiebetür zu meinem riesigen Balkon. Der Ausblick ist der Wahnsinn! Über ein paar Palmenköpfe hinweg sehe ich das Meer. Wohin das Auge reicht, nichts als Wasser. Überall. Dazu das sanfte Rauschen der Wellen und die Hitze, welche mir erneut den Schweiß auf die Stirn treibt. Nebenan höre ich, wie die Balkontür geöffnet wird und jemand heraustritt. Sehen kann ich Fredi aber nicht, da wir optisch durch eine bepflanzte Holzwand getrennt sind, die über das Balkongeländer hinausgeht. Zum Nachbarn rüberspannen ist somit ausgeschlossen. Schade. Bei Fredis Körperbau würde sich das allemal lohnen.

»Fredi?«

»Ja?«

»Hast du so etwas Schönes schon mal gesehen?«

»Ja. Unzählige Male. Ich weiß nicht, wie oft ich mit meiner Familie schon auf den Malediven war.«

Ich vergaß. Fredis schwerreiche Bankiersfamilie kennt die Ostsee nur vom Hörensagen.

»Aber es überwältigt mich jedes Mal aufs Neue«, fügt er hinzu.

Immerhin. »Und was machen wir jetzt?«, frage ich.

»Da liegt ein Flyer auf deinem Nachttisch, da steht alles drin. Ich werde auspacken und duschen. Bis nachher, Karin.«

»Bis nachher.« Ich gehe zurück ins Zimmer, schließe die Balkontür und schalte die Klimaanlage ein. Dann suche ich die Fernbedienung für den Fernseher, um beim Einsortieren meiner Klamotten ein wenig Hintergrundgeräusche zu haben. Die ungewohnte Stille macht mich ganz nervös. Aber ich finde keine Fernbedienung und stelle im nächsten Moment auch fest, warum: weil es keinen Fernseher gibt. Das kann doch nicht wahr sein! Jedes anständige Hotel hat eine Glotze und so ein nobles Resort wie das hier erst recht. Ich suche die Wände ab, um zu sehen, ob die irgendeine raffinierte Konstruktion vorsehen, hinter der sich das Unterhaltungsprogramm versteckt. Nichts. Meine Recherchen führen mich ins Badezimmer, was genau genommen kein richtiges geschlossenes Zimmer, sondern eine halb überdachte Freiluftanlage ist. Zähneputzen, duschen und kacken unter freiem Himmel? ARGH! Und das soll Erholung sein, wenn ich weiß, dass das Echo meiner Klogeräusche in der gesamten Nachbarschaft zu hören ist? Ich suche weiter, muss aber letztendlich zu meinem Entsetzen feststellen, dass es keinen Fernseher gibt. Wozu hat der liebe Gott das WLAN erfunden? Ich gehe also zurück ins Zimmer, krame mein Handy aus der Handtasche und suche den Raum nach Hinweisen für das WLAN-Passwort ab. Das steht bestimmt auf dem Flyer, von dem Fredi sprach, der mit den ganzen wichtigen Informationen. Den Flyer finde ich sofort und meine Fassung verliere ich direkt. Das kann doch nicht deren Ernst sein! KEIN WLAN auf dem Zimmer? Dafür aber eine persönliche Ansprache:

Liebste Karin,

Namaste und herzlich willkommen zu Deiner wohlverdienten Auszeit.

Um Körper, Geist und Seele wieder in Einklang zu bringen, verzichten wir bewusst auf äußerliche Störfaktoren.

Wir garantieren Dir dadurch die nötige Zeit und Ruhe für Deinen ganz individuellen Regenerationsprozess.

Zugang zum WLAN erhältst Du in dringenden Fällen einmal täglich an der Rezeption.

»WAAAAAS?«, schreie ich laut. Das hier ist doch nicht Alcatraz! Ich halte mein Handy mit ausgestreckten Armen hoch in die Luft und starre, ohne zu blinzeln, gebannt auf die Anzeige für den Empfang. Nix. Ich stehe auf und laufe in dieser Haltung durch das ganze Zimmer. Nix. Ins Frei-Bad. Nix. Raus auf den Balkon. Nix. Runter an den Strand.

Wieder nix. Ich laufe hin und her, das Handy in die Höhe haltend, die Augen zusammengekniffen, weil ich Vollhonk meine Sonnenbrille habe oben liegen lassen. Nix.

»So eine verfluchte Scheiße!«, höre ich Sabine schreien. Sie erblicke ich einige Meter von mir entfernt bis zu den Knien im Wasser stehend. Ihre Körperhaltung gleicht dabei exakt der meinen.

»Bei mir auch. Nix. Kein Empfang. Nirgends«, schreie ich zurück.

Dann erscheint Charlie auf der Bildfläche. Seelenruhig betritt sie die Szene über ihre Terrasse, schlendert in Richtung Meer und sieht dabei aus, als wäre sie direkt aus der Raffaello-Werbung entstiegen: weiße, luftige Tunika, weißer Strandhut mit modisch ausgefranster XL-Krempe, darunter lange, blonde Beach Waves und eine XXL-Sonnenbrille, die ihr die Aura eines Filmstars verleiht. Als Charlies Füße das Wasser berühren, verharrt sie an Ort und Stelle. Und dann steht sie einfach da und starrt schweigend hinaus aufs Meer. Handy hat sie keines dabei.

»Was ist mit dir?«, ruft Sabine ihr zu und kommt hektisch und ungelenk aus dem Wasser zurück an den Strand gewatet, wobei sie aussieht wie ein Storch. Auch ich laufe zu Charlie.

»Alles in bester Ordnung«, antwortet die sanft lächelnd.

»Hast du etwa Empfang?«, frage ich.

»Nein, warum? Den gibt es doch hier nirgends.«

»Du hast den Flyer also auch schon gelesen.«

»Welchen Flyer?«

»Na den, wo das drinsteht.«

»Wo was steht?«

»Boah, Charlie!«, wird Sabine ungehalten. »Der Flyer vom Nachttisch, auf dem steht, dass man hier am WLAN spart.«

»Ach das? Nein, das wusste ich doch schon vorher.«

»WIE BITTE?!?«, werde ich fast hysterisch. »Warum hast du uns das nicht vor der Abreise gesagt?«

»Weil ihr sonst nur gemeckert hättet und am Ende wahrscheinlich nicht mitgekommen wärt.«

»Wovon du ausgehen kannst!«, bestätigt Sabine.

»Siehst du? Und genau deshalb haben Fredi und ich beschlossen, das für uns zu behalten.«

»Na toll!«, bin ich fassungslos. »Schon wieder weiß Fredi mehr als wir.«

»Was weiß ich?«, will der jetzt wissen, als er auf uns zukommt. Fredi hat sich in Badeshorts geschmissen und der haarfreie Männeroberkörper glänzt unter dem Ölfilm des Sonnenschutzes, wo sich seine Bauchmuskeln abzeichnen. Fredi sollte bei den Chippendales einsteigen. Ich bin versucht zu fragen, ob ich ihn einmal anfassen darf, um zu spüren, ob das alles wirklich echt ist. Mark hält nichts von männlicher Köperrasur. Auf seinem Oberkörper verteilen sich weniger Muskeln, dafür aber mehrere Stationen kleiner, dunkler Haaransammlungen. Rasur sei Gesichtern und Frauen vorbehalten, ist er überzeugt. Vielleicht sollte ich nach meiner Rückkehr in den Rasierstreik treten? Damit hätte sich das Babythema garantiert erledigt.

»Kein WLAN? Kein Fernseher? Welche Überraschungen erwarten uns hier sonst noch?«, fährt Sabine ihn an.

»Keine Ahnung. Das ist das einzige klitzekleine Detail, das Charlie und ich euch verschwiegen haben. Versprochen.«

»Von wegen klitzeklein! Ich habe schließlich eine Familie, bei der ich mich melden muss.«

»Seit wann das denn?«, bin ich überrascht.

Seitdem ich Sabine kenne, hält sie es für absolut unnötig, Statusmeldungen an Mann oder Kinder zu versenden. Ihre Devise lautet, wenn im Vorfeld alles geregelt ist, sind außerplanmäßige Nachrichten absolut überflüssig und lediglich irreführend.

»Verdammt. Ich suche jetzt die Rezeption«, stapft sie wütend davon.

»Was ist denn mit der los?«, blicke ich ihr verwundert hinterher. Aber weder Charlie noch Fredi haben eine Antwort darauf.

Wir bleiben eine Weile schweigend an unserem hauseigenen Strand stehen und blicken aufs Wasser. Neben Charlie und Fredi komme ich mir auf einmal total deplatziert vor. Die beiden sehen aus wie das Traumpaar aus einem stylischen Hochglanzmagazin, während ich krampfhaft den Bauch unter meinem ausgewaschenen T-Shirt einziehe. Meine Sommergarderobe ist nicht auf tropische

Überseereiseziele eingestellt. Ich habe mir im Vorfeld online per Expresslieferung noch schnell drei Tuniken bestellt, da ich sonst nur spielplatztaugliche Jeans-Shorts und Oberteile besitze, die bei sechzig Grad waschbar sind. Dementsprechend sehen die auch aus. In den letzten vier Jahren blieb wenig Raum für mein Modefaible. Das musste ich schnell einsehen, nachdem mein Neugeborenes mehrmals täglich auf meine Schulter gekotzt oder seine verschmierten Fingerchen quer über meine Brust geschmiert hatte. Mit der Zeit habe ich mich daran gewöhnt und mich immer wieder gefragt, wie es die anderen Mütter schaffen. Die, denen man den Babyalltag nicht ansieht. Vor Lillys Geburt hatte ich mir geschworen, eine von denen zu sein. Eine Mutter ohne praktische Pferdeschwanzfrisur, dafür aber mit der selben Kleidergröße wie vor der Geburt. Was soll ich sagen, nicht nur meine Schuhgröße hat sich erweitert.

»Um achtzehn Uhr haben wir unsere ärztliche Konsultation, das ist in einer halben Stunde. Wir sollten langsam los«, bricht Fredi unser Schweigen.

Die Zeitverschiebung von drei Stunden hatte ich völlig vergessen. Zu Hause in Deutschland ist es gerade mal früher Nachmittag, während hier schon der Abend eingeläutet wird. Ich gehe zurück auf mein Zimmer, mache mich frisch und begebe mich anschließend auf den Weg zu meinem Urlaubsarzttermin.

Zwei Stunden später sitze ich im Loungebereich des kleinen Inselresorts und warte auf die anderen. Um mich herum flackern Hunderte von Windlichtern und die sanften Chilloutklänge aus den versteckten Lautsprecherboxen lassen mich beinahe einschlafen. In normalen Ferienanlagen gäbe es jetzt ein ohrenbetäubendes Animationsprogramm und die Kinderscharen der vollgefressenen Erwachsenen würden sich in der Minidisco die Seele aus dem Leib hüpfen. Aber hier gibt es weder Kinder noch vollgefressene Erwachsene, weil es gar kein Essen gibt, zumindest nicht für mich in den kommenden zwei Tagen. Wasser, Tees und Brühen werden stattdessen meinen Speiseplan bestimmen, der diese Bezeichnung nicht verdient, da er ausschließlich aus Flüssigkeiten besteht. Diese Information hat mir mein persönlicher Inseldoktor mal eben nebenbei verklickert, um mir dann einen schönen Rest-Abend bei Tee und Wasser zu wünschen. Und dafür geben Menschen so viel Geld aus? Um zu hungern?

Die Sonne geht erstaunlich früh unter und spätestens ab sieben ist es zappenduster. Kühler wird es dadurch aber kaum, wie mir der freundliche Kellner bestätigte, als er mir meinen Kräutertee auf Rezept servierte. Das permanente Schwitzen würde mich aber zusätzlich dabei unterstützen, meine Giftstoffe auszuscheiden. Das sagte mir wiederum der nette Arzt, nachdem er mir beschrieben hatte, was heute Nacht alles auf mich zukommen würde, wenn ich den Inhalt der Flasche getrunken habe, die er mir mit den

Worten: »Besser nicht das Zimmer verlassen«, in die Hand drückte.

Ich kenne jetzt meinen sogenannten Konstitutionstyp, das heißt, ich kannte ihn. Die ayurvedischen Begriffe sind mir allesamt so fremd, dass ich mir nichts von dem merken konnte, was mir der dauerlächelnde Herr Doktor geduldig versuchte zu erklären. Eines aber habe ich mir gemerkt, und zwar, dass auf mich hier alles zukommen wird – außer Wellness. Stattdessen erwartet mich nach meiner Darmreinigung eine stufenweise Aufbaukur, die mich und meinen westeuropäischen, vergifteten Organismus Stück für Stück erneuert. Ich könne mich auf ein völlig neues Lebensgefühl einstellen. Davor müsste ich mich aber erst von all dem befreien, was mich und meinen Organismus belastet. Die Nebenwirkungen wie Kopfschmerzen, Schwindel oder Übelkeit würden nach einer Weile weniger werden und bei Befolgung des mir auferlegten Therapieplans ganz verschwinden. Selbst bei seiner ausführlichen Schilderung der mir bevorstehenden Nebenwirkungen lächelte der Arzt. So ein Sadist!

Und überhaupt, die Dauerfreundlichkeit der Menschen hier macht mich ganz wahnsinnig. Selbst der Gebatikte, der nach mir dran war, hat mich höflich angelächelt. Ich wette, dass hier noch nie jemand versucht hat, sich zu beschweren.

Die haben die Rechnung allerdings ohne Sabine gemacht. Die kommt gerade wie eine gesengte Sau aus dem kleinen Gebäude mit der Aufschrift ›Health Centre‹ rausgestürmt, rauscht mit einem Affenzahn an mir vorbei und flucht dabei gut hörbar für mich und alle anderen Gäste: »Dieser Quacksalber hat mir einen Schlauch in den Arsch gesteckt und jetzt kacke ich mir gleich in die Hose. *Das sei genau das Richtige für meinen Konstitutionstyp!* So ein Scheiß! Wenn ich vom Klo runter bin, mache ich Hackfleisch aus dem verfluchten Vegetarier!« Ihre Worte verschwinden gemeinsam mit ihr zwischen den Palmen, die den kleinen Weg in Richtung Unterkünfte säumen.

Die Sabine werde ich wohl so schnell nicht wiedersehen. Dafür werde ich sie umso besser hören können, denn ihr Frei-Bad befindet sich direkt unter meinem und Schall breitet sich bekanntlich auch nach oben aus.

Dann erscheint Charlie. Die hat es weniger eilig und ich schließe daraus, dass ihr der Schlauch im Hintern erspart geblieben ist. Sie spielt mit einem Fläschchen in ihren Händen und nimmt in aller Ruhe neben mir Platz.

»Das war einfach zauberhaft!«, ist sie entzückt. »Der nette Arzt hat mir genau erklärt, wo meine Blockaden sitzen und was ich die nächsten zehn Tage dafür tun kann, um sie zu lösen. Ist das nicht irre? Dann hat er direkt vor meinen Augen das hier«, dabei hält sie das Fläschchen hoch, »zusammengemixt und gemeint, ich solle mich bis morgen auf meinem Zimmer ausruhen und sehr viel Wasser dazu trinken.«

»Das ist ein Abführmittel, Charlie!«

»Ich weiß, und es schwemmt sämtliche Giftstoffe und negativen Bestandteile raus aus meinem vergifteten Körper und bereitet mich dadurch vor auf ein völlig neues Leben. Ist das nicht ...«

»Zauberhaft. Ganz zauberhaft, Charlie. Ich kann mir wirklich nichts Schöneres vorstellen, als gleich den Rest der Nacht auf der Schüssel zu hocken und euch anderen währenddessen beim Furzen zuzuhören, in unseren offenen Badezimmern«, lasse ich meinem Frust freien Lauf.

Charlie setzt sich daraufhin kerzengerade hin, dreht ihren Oberkörper zu mir und straft mich mit einem Blick, den ich so noch nie zuvor bei ihr wahrgenommen habe. Selbst das Botox gibt klein bei und ihr steht auf einmal der blanke Zorn ins Gesicht geschrieben.

»Ihr tut das für meinen Alfi, verstanden?«, keift sie mich an. »Und das hier ist kein Larifari-08/15-Wellnessurlaub, sondern eine intensive, alles erneuernde Aufbaukur, die mein Mann komplett für euch bezahlt hat. Also, anstatt sich die ganze Zeit darüber zu beschweren, dass es hier an allem mangelt, was euch euer sonst so kleines, spießbürgerliches Leben versüßt, könntet ihr langsam etwas mehr Dankbarkeit und Respekt zeigen.«

Ich bin total baff. Sprachlos. Perplex. Und ja, ich habe sogar ein wenig Angst vor der Frau, die ich bisher nur als schnurrendes, sanftes Kätzchen kannte, dem nie auch nur ein böses Wort über die Lippen rutscht. Wo kommt das auf einmal her? Wie kann es ein, dass ich diesen Wesenszug noch nie an ihr erlebt habe? Selbst als Alfi im Krankenhaus lag und ihre Nerven bis zum Zerreißen angespannt waren, hat Charlie sich stets freundlich und liebreizend dem gesamten Pflegepersonal gegenüber verhalten. Und jetzt bezeichnet sie ausgerechnet mich und mein Leben als spießbürgerlich? Das ist nicht fair.

»Das ist jetzt aber nicht fair, Charlie«, spreche ich meinen Gedanken laut aus.

»Seit wann ist das Leben fair, Karin? Das müsstest du doch am allerbesten wissen. Mich hat das Universum auch nicht gefragt, ob ich in meine asoziale und gewalttätige Familie hineingeboren werden möchte. Aber ich habe das Beste daraus gemacht und bin abgehauen, habe mein Leben selbst in die Hand genommen. Mit sechzehn! In dem Alter spielen andere Mädchen noch mit Puppen. Pah! Ich habe gekämpft und überlebt. Ohne Schulabschluss, ohne Ausbildung, ohne jegliche Unterstützung. Und dann habe ich meinen Alfi getroffen. Wenn du von ganz unten kommst, Karin, dann weißt du es zu schätzen, wenn dich jemand mit Respekt und Achtung behandelt. Und das hat mein Mann von Anfang an getan. Er war der Einzige, der mich nicht als Freiwild angesehen hat in meinem Job als Hostess, nein. Er war ein absoluter Gentleman. Und dieser Mann hat verdammt noch mal euren Respekt verdient, hast du das verstanden, Karin Kraus?«

»Natürlich. Aber so war das doch auch gar nicht gemeint, Charlie, ehrlich«, versuche ich mich für etwas zu entschuldigen, das ich meiner Meinung nach nicht verbrochen habe. Ich kenne Charlie nur als die Person, bei der alles und jeder immer zauberhaft ist. Ihre Toleranzgrenze scheint grenzenlos, ich korrigiere, schien grenzenlos zu sein. Das hat sich offenbar geändert, allerdings habe ich das nicht mitbekommen und ich schätze, dass es den anderen ähnlich ergeht. Oder weiß Fredi mehr als Sabine und ich? Das kam in den vergangenen Wochen immerhin schon öfter vor, dass er uns, was Charlies Leben betraf, einen Schritt voraus war.

»So kenne ich dich gar nicht«, bin ich ehrlich.

»Ich mich auch nicht. Diesen Teil von mir habe ich vor langer Zeit begraben und mir geschworen, ihn nie wieder rauszulassen.« Charlies Körperhaltung entspannt sich und sie lehnt sich in dem Loungesofa zurück. »Das letzte Mal, als ich so richtig ausgerastet bin, habe ich jemanden krankenhausreif geschlagen. Danach habe ich mir geschworen, nie, nie wieder die Kontrolle über mich und mein Leben zu verlieren. Und seitdem ist in meiner Welt eben einfach alles und jeder ...«

»Zauberhaft«, beende ich den Satz für sie.

»Ganz genau. Das hat mir geholfen, über die Jahre ruhiger zu werden.«

Der freundliche Kellner serviert Charlie den Tee, welchen ihr der Arzt für die nächsten Tage verordnet hat. Wir nippen beide schweigend und bedächtig an unseren Getränken. Ich bin ein wenig überfordert und weiß nicht so recht, was ich jetzt sagen soll, aus Angst, das Falsche von mir zu geben. Nach einer Weile, die mir wie eine Ewigkeit vorkommt, ist es Charlie, die erneut das Wort ergreift. Und dann erfahre ich sie. Die Geschichte, die sie all die Jahre vor uns geheim gehalten hat.

Je länger ich ihr zuhöre, desto schlechter wird mir. Hinzu kommen eine unendliche Wut und die Erkenntnis, dass ich, sollte meinem Kind jemals etwas Ähnliches zustoßen, ohne zu zögern morden könnte. Eiskalt. Ohne nachzudenken.

Es begann, als sie dreizehn Jahre alt war. Der dritte Mann ihrer Mutter brachte einen pubertierenden Sohn mit in die Ehe und die beiden Stiefgeschwister wurden dazu verdonnert, sich ein Zimmer in der kleinen Wohnung der heruntergekommenen Hochhaussiedlung zu teilen. Da die Elternteile meistens betrunken waren, bekamen sie von dem, was sich nachts im Kinderzimmer unter Charlies Bettdecke abspielte, nichts mit. Als der Junge aber anfing, Charlie und ihre Qualitäten bei seinen Kumpels anzupreisen, hielt sie es nicht mehr aus und vertraute sich ihrer Mutter an. Die rastete daraufhin völlig aus. Allerdings nicht wegen der Gräueltaten ihres Stiefsohnes, sondern wegen Charlies Unverfrorenheit, ihr den dritten Eheversuch nicht zu gönnen und diesen mit ihren Anschuldigungen sabotieren zu wollen. Charlie musste schmerzhaft erkennen, dass sie von der eigenen Mutter keine Hilfe erwarten konnte. Sie war auf sich allein gestellt. Eines Abends erwartete sie ihren Peiniger mit einer großen Überraschung.

Den Baseballschläger hatte sie von einer Freundin ausgeliehen und sich vorher gut überlegt, ob sie ihn damit töten oder lediglich eine Warnung aussprechen wollte. Charlie rang sich dazu durch, vernünftig zu bleiben. Sie wollte eine Zukunft, verschonte daher seinen Kopf, zertrümmerte dafür ein Knie, brach einen Arm und machte ihn zeugungsunfähig. Der Junge, dessen Namen sie nie wieder erwähnen wollte, kam bewusstlos ins Krankenhaus, wo Charlie ihre Version der Geschichte gegenüber Polizei und Ärzten wiedergab. Das Jugendamt wurde eingeschaltet, ein Verfahren eingeleitet und der Junge erhielt eine lächerliche Strafe im Vergleich zu dem, was er einem Kind angetan hatte. Charlie landete in einer Pflegefamilie, von der sie sich mit sechzehn verabschiedete, um endlich frei zu sein. Sie änderte ihren Namen, begann ein neues Leben und hielt sich über Wasser, bis Alfi in ihr Leben trat. Seine Gutmütigkeit und grenzenlose Liebe ließen sie aufatmen von dem Überlebenskampf, der bis dahin ihren Alltag bestimmt hatte. Und von da an nahm sie sich vor, nur noch positiv zu denken. Taktisch klug schlüpfte sie für die Außenwelt in die Rolle des naiven Dummchens und machte die Einstellung ›zauberhaft‹ zu ihrer neuen Lebensphilosophie. Nichts sollte sie mehr an ihre Vergangenheit erinnern. Dieses Kapitel war endgültig begraben.

Zwei neue Gläser mit dampfendem, frischem Tee stehen mittlerweile wieder vor uns auf dem kleinen Tisch. Charlie nippt an dem heißen Getränk und schweigt. Es ist alles gesagt. Auf ihrem Gesicht liegt ein Ausdruck, den man als versonnen bezeichnen könnte. Mir fällt es aktuell schwer, ihn zu deuten, da ich soeben eine völlig neue Person kennengelernt habe, von der ich zuvor dachte, ich wüsste genau, wer sie sei.

Nach einer gefühlten Ewigkeit finde ich meine Sprache wieder: »Charlie, ich weiß gar nicht, was ich sagen soll. Das ist alles so furchtbar und ich hatte ja keine Ahnung.«

»Es ist lange her und vorbei. Bei Alfi konnte ich mich endlich fallen lassen und musste nicht mehr ums Überleben kämpfen. Ich will nicht mehr kämpfen, Karin, und wenn die Menschen, die ich liebe, um mich herum anfangen, gegenseitig aufeinander loszugehen, dann erinnert mich das an früher. Wir sollten schätzen, was wir haben.«

Und da erkenne ich, was Alfi an seiner Frau wirklich liebt. Charlie ist weder naiv noch dumm noch klischeehaft (okay, vom Botox mal abgesehen und dem Silikonbusen und ..., egal). In ihrer Dankbarkeit ist sie absolut authentisch, ohne dabei ins Devote abzurutschen, eben weil es aus ihrem tiefsten Inneren und von ganzem Herzen kommt. Charlie ist ein Herzensmensch und genau das war es auch an ihr, was selbst jemanden wie mich vor vier Jahren verzauberte, als ich sie kennenlernte. Sie ist echt. Zumindest innerlich.

Eine Weile sitzen wir schweigend nebeneinander und lauschen den sanften Klängen der ayurvedischen Musik, falls es so etwas wie ayurvedische Musik überhaupt gibt.

Wundern würde mich das nicht. Die Welt des Ayurveda erschließt sich mir noch nicht so richtig, abgesehen davon, dass ich weiß, dass heute Nacht ein ordentlicher Durchfall auf mich zukommt. Anstatt Begrüßungscocktails gibt es Begrüßungsdünnschiss. Aber hey, ich übe mich ab sofort in Dankbarkeit und wer weiß, vielleicht werde ich so endlich die letzten drei Kilos los.

»Wo ist eigentlich Fredi? Müsste der nicht schon längst fertig sein mit der Untersuchung?«, wundere ich mich über dessen Verbleib.

»Er sagte vorhin, dass er dringend telefonieren müsse. Mehr weiß ich auch nicht, vielleicht ist er nach der Untersuchung direkt auf sein Zimmer gegangen?«

»Komisch. Er ist doch sonst die reinste Quasselstrippe, sobald es Neuigkeiten gibt.«

Charlie und ich leeren unsere Teegläser und beenden den ersten gemeinsamen Abend. Jede von uns zieht sich mit ihren Gedanken auf ihr Zimmer zurück. Dort beginne ich mit der Reinigungsprozedur und leere das kleine Fläschchen in einem Zug.

Die vergangene Nacht war, gelinde gesagt, beschissen. Toilette und Dusche befanden sich abwechselnd im Dauereinsatz. Heute Morgen fühle ich mich wie ein bis zum letzten Tropfen ausgewrungener Schwamm. Und das soll Urlaub sein? Stopp! Ich wollte aufhören zu motzen, das heißt, Charlie wollte, dass ich, also wir, also eigentlich nur Sabine und ich, mit dem Motzen aufhören. Darüber sollte ich Sabine unbedingt informieren, aber vorher muss ich noch einmal rennen. Und zwar schnell.

Als sich meine Darmtätigkeit gegen frühen Nachmittag beruhigt hat, weil es für sie schlichtweg nichts mehr zu tun gibt, traue ich mich vor meine Zimmertüre. Von den anderen keine Spur weit und breit. An deren Türen möchte ich aus gegebenem Anlass nicht anklopfen und anfunken kann ich sie nicht wegen des digitalen Kontaktverbots auf der Insel. Ich mache mich am Strand entlang auf den Weg zum Hauptrestaurant, da mein Magen knurrt. Kein Wunder. Seit dem Flugzeugessen habe ich nichts Festes mehr zu mir genommen und das war vor über vierundzwanzig Stunden. Ärztliche Flüssigkeitsverordnung hin oder her, ich brauche dringend Nachschub. Ich habe Hunger!

Das Restaurant befindet sich, wie fast alles auf der Miniinsel, in direkter Strandlage. Es ist kein geschlossener Raum, sondern lediglich ein überdachter Bereich, in dem es weder Wände noch Fenster gibt. Nur ein paar hochgezogene Rollos aus durchsichtigem Plastik lassen erahnen, dass hier gelegentlich der Monsun reinregnet. Die Bodenplatte ist aus sandfarbenem Naturstein und die Gestelle der Tische und Stühle sind aus Bambus. Unter den wenigen Gästen, die sich hier eingefunden haben, erkenne ich den Gebatikten. Der hat sich heute schick gemacht und trägt einen weißen Kaftan mit goldbestickten Rändern. Er schlürft

Suppe aus seinem Teller und blickt dabei aufs Meer. Der scheint den gleichen Speiseplan zu haben wie ich.

Am Buffet angekommen, halte ich Ausschau nach einer Burger-Bratstation oder anderen sättigenden, mir bekannten Hauptmahlzeiten. Was ich stattdessen vorfinde, sind Linsengerichte, Linsengerichte und noch mal Linsengerichte. Die einzige Variation besteht in deren Farbe. Es gibt rote, grüne und schwarze Linsen. Als Beilage habe ich die Wahl zwischen gedünstetem Gemüse oder anderen gedünsteten Gemüsesorten. Ich komme mir vor wie in einem Erziehungslager. Dass es auf gesunde Ernährung hinauslaufen würde, hat mir der Arzt gestern bereits bestätigt, aber dass es für den vom Pauschaltourismus verwöhnten Magen gar keine Alternativen gibt, also damit habe ich nicht gerechnet. Die wollen doch, dass die Leute wiederkommen, oder etwa nicht? Wer bewertet sein Urlaubsresort im Nachhinein mit den Worten: »Es gab fast nichts zu essen!«, um dann eine Weiterempfehlung mit fünf Sternen auszusprechen? Niemand! Eben. Daher erschließt sich mir das angepriesene Alles-rundum-sorglos-Paket nicht. Ich bin voller Sorge. Ich brauche dringend Nahrung, und zwar anständige, sättigende Nahrung, nicht so Hülsenfrüchtchen-Möchtegernmahlzeiten.

Ich blicke mich schuldbewusst um, um sicherzugehen, dass Charlie nicht in der Nähe ist, denn ich werde jetzt mein gestriges Versprechen ihr gegenüber kurz brechen und mich beschweren. Auf der Suche nach dem Restaurantchef laufe ich meinem Arzt in die Arme, der sich wundert, dass ich nicht bei der Meditation bin.

»Ich meditiere nicht«, kläre ich ihn auf, woraufhin er mir nahelegt, dass dies ein wesentlicher Bestandteil des Gesamtkonzepts sei und maßgeblich zu meinem Therapieerfolg beitragen werde. Der redet ja wie meine Therapeutin. Therapieerfolg! Meditation! Dass ich nicht lache. Stundenlang mit geschlossenen Augen im Schneidersitz auf dem Boden hocken, das schreit doch nach Muskelkrämpfen und Bore-out-Syndrom. Ich sage dem Herrn Doktor, dass ich Hunger habe. Er verweist mich auf meinen Diätplan und legt mir nahe, mit der verordneten Nährstoffaufnahme über die vorgeschriebenen Brühen zu starten. Dazu führt er mich an den Teil des Buffets, wo Karaffen in Eiswürfeln ruhen und Thermoskannen wie bestellt und nicht abgeholt rumstehen.

»Für dich bitte nur warme Brühen und nichts Kaltes, wegen deines Konstitutionstyps«, belehrt mich der Inselarzt.

Hat der noch alle Tassen im Schrank? Es herrschen über dreißig Grad, morgens, mittags und abends, und da soll ich Suppe in meinen überhitzten Körper schütten? Ohne mich!

»Ein Eistee wäre mir lieber. Besser noch ein Long Island Ice Tea«, erlaube ich mir einen Witz über das vorherrschende Alkoholverbot.

Das findet er gar nicht komisch und füllt mir einen großen Becher Brühe ab. »Schön austrinken!«, ermahnt er mich wie ein Kleinkind. »Davon kannst du so viel nehmen, wie du willst. Heute nur Flüssigkeit! Ab morgen bauen wir deine Darmflora Stück für Stück auf, das ist gut für dein Agni. Wenn du fertig bist, kannst du deinen Therapieplan an der Rezeption abholen, dann bist du zukünftig besser darüber informiert, wann deine Behandlungstermine stattfinden«, verabschiedet er sich und setzt seinen Kontrollgang an den Tischen fort, um zu überprüfen, ob jeder auch wirklich nur das zu sich nimmt, was er ihm oder ihr verordnet hat.

Ich hasse ihn! Der ist die männliche Version meiner Nachbarin Regine.

Die Brühe ist schnell ausgetrunken, dafür musste ich mich nicht einmal hinsetzen und laufe direkt zur Rezeption durch. Was soll ich in einem Restaurant, wenn ich nichts essen darf? Ich frage nach meinem Programmheft und erhalte einen DIN-A4-Zettel, der von oben bis unten mit Uhrzeiten und Terminen vollgestopft ist. Selbst das Ausruhen ist als Tagesordnungspunkt eingetragen. Gerade will ich gegen die mir auferlegte Agenda protestieren, da entdecke ich Fredi. Er kommt aus dem Bereich, wo es das WLAN auf Anfrage gibt, und hält sein Handy in der linken Hand. Seinem Gesichtsausdruck nach zu urteilen war die Verbindung in die Außenwelt alles andere als erfreulich. Die Oberlider, Mundwinkel und Schultern hängen nach unten und als er mich bemerkt, wischt er sich schnell mit der freien Hand über die Augen. Hat er etwa geweint? Ich verschiebe meine geplante Revolte auf später und lasse die Rezeptionistin wortlos zurück. Fredi und ich gehen aufeinander zu und verkriechen uns in eine der Sofaecken. Wie im Restaurant gibt es auch hier im Empfangsbereich keine Wände. Alles ist auf Durchzug. Vor uns liegt der Indische Ozean, zwischen uns eine gewisse Anspannung. Keiner von uns beiden sagt etwas.

»Was ist los, Fredi? Hast du etwa geweint?«, mache ich den ersten Schritt und öffne damit die Schleusen. Fredi legt den Kopf in seine Hände und heult los. Ich lege die Hand auf seinen Rücken und warte ab, bis er gesprächsbereit ist. Seit dem Heulanfall meiner Schwester in der Ankerklause weiß ich so ungefähr, wie man Erwachsene tröstet, aber Schnaps kann ich ihm aktuell keinen anbieten und ob heiße Brühe das Richtige für seinen Konstitutionstyp ist, weiß ich nicht. Es dauert, bis Fredi sich beruhigt hat. Dann richtet er sich auf, wischt seine Tränen weg und atmet tief ein und aus. Ohne mich dabei anzusehen sagt er mit dem Blick auf das Wasser gerichtet: »Alessandro hat gerade mit mir Schluss gemacht. Am Telefon! Kannst du dir das vorstellen, Karin? Nach über zwei Jahren beendet der Mann, den ich über alles liebe, unsere Beziehung am Telefon.«

Es entsteht eine kurze Pause.

So niedergeschmettert habe ich Fredi noch nie erlebt. Es gab in der Vergangenheit immer wieder familiäre Situationen, die ihn unglücklich gemacht haben, aber die hatten bei Weitem nicht so gravierende Auswirkungen auf seinen Gemütszustand wie das Beziehungs-Aus mit Alessandro.

»Man macht doch nicht einfach so von heute auf morgen grundlos Schluss«, interessieren mich die Hintergründe zu dem plötzlichen Aus.

»Er sagt, dass er so nicht weitermachen könne und das ganze Versteckspiel ihn krank mache. Er will eine offizielle Beziehung mit mir und mit allem, was dazugehört. Das waren seine Worte.«

»Er ist nicht fremdgegangen?«

»Nein! Warum fragst du? Nur, weil jeder glaubt, wir Schwule würden es mit allem und jedem treiben, was nicht bei drei auf den Bäumen ist? Alessandro ist schließlich Italiener und katholisch!«, reagiert Fredi gereizt auf meine Frage.

»Sabines Mann ist weder schwul noch katholisch und treibt es trotzdem mit jeder. Ich frag ja nur ..., ich mein ja bloß«, gebe ich zaghaft zu bedenken. »Er liebt dich und will dich. Ich verstehe nicht, wo das Problem liegt?«

»Ich sei das Problem, sagte er. Weil ich es nicht fertigbringe, mit Mitte dreißig zu meinen Gefühlen zu stehen, und zulasse, dass meine Familie über mein Leben bestimmt.«

Womit Alessandro nicht ganz unrecht hat, aber das behalte ich für mich. Stattdessen stelle ich mich auf die Seite meines Freundes und frage ketzerisch: »Und das fällt ihm ausgerechnet dann ein, wenn du über sechstausend

Kilometer entfernt bist? Hätte es dafür keinen günstigeren Zeitpunkt gegeben? Und überhaupt, warum so plötzlich nach über zwei Jahren?«

»Wir haben schon länger deswegen Probleme.«

»Das wusste ich nicht.«

»Ich wollte nicht darüber reden. Charlie meinte, ich ...«

»Moment! Charlie? Die wusste Bescheid? Die ganze Zeit?«, werde ich laut. Ich fasse es nicht! Schon wieder! Schon wieder haben die beiden Sabine und mir Informationen vorenthalten, die man mit seinen besten Freunden teilt. Gelegenheiten dafür hätte es in den vergangenen Wochen genügend gegeben. Warum?

»Warum? Fredi, warum wisst ihr zwei anscheinend alles übereinander, haltet es aber vor Sabine und mir geheim? Erst Alfis Herzprobleme, dann die Ayurveda-Kur mit all ihren Widrigkeiten und jetzt auch noch deine Beziehungsprobleme mit Alessandro, die so gravierend gewesen sein müssen, dass er am Telefon mit dir Schluss macht. Ich verstehe das nicht!«

»Du verstehst was nicht?«, ertönt Sabines Stimme direkt hinter uns. Fredi und ich zucken erschrocken zusammen und drehen uns zu ihr um. Sie steht hinter der Couch wie der Terminator und hat beide Arme in die Hüften gestemmt. Ihr Gesicht wird größtenteils von einer XXL-Sonnenbrille verdeckt, aber ihre Mundwinkel lassen eindeutig darauf schließen, dass Sabine schlechte Laune hat. Sie erinnert mich ein bisschen an Henni.

»Alessandro hat gerade mit Fredi Schluss gemacht, am Telefon!«, fülle ich Sabines Wissenslücke auf.

Das findet Fredi gar nicht gut und faucht mich direkt an mit: »Was soll das, Karin!«

»Wundert mich, dass er die ganze Geheimnistuerei überhaupt so lange mit dir ausgehalten hat«, kommentiert Sabine die Neuigkeiten schulterzuckend und setzt sich zu uns.

»Und genau deswegen habe ich nichts gesagt«, ist Fredi sauer auf mich und mein Mitteilungsbedürfnis.

»Wieso, weil du die Wahrheit nicht verträgst?«

»Nein, Sabine. Weil man sich in persönlichen Krisen den Menschen anvertraut, die einem zuhören und Verständnis entgegenbringen, was man vor dir erfahrungsgemäß nicht behaupten kann. Deswegen habe ich meine Klappe gehalten!«

»Das ist keine Krise, Fredi, sondern deine persönliche Schwäche.«

»Sabine, das war jetzt aber nicht nett«, greife ich in den Dialog ein, dessen Verlauf mir überhaupt nicht gefällt. »Ich denke, dass wir alle ein wenig unterzuckert und ausgelaugt sind. Das strapaziert die Nerven«, versuche ich die Wogen zu glätten.

»Ich muss mir das nicht länger anhören, schließlich bin ich ein erwachsener Mann«, erhebt sich Fredi abrupt und geht.

»Ach echt? Seit wann das denn?«, ruft Sabine ihm hinterher.

Ohne sich umzudrehen, hebt Fredi im Gehen seinen rechten Arm in die Höhe und streckt uns den Mittelfinger entgegen. Dann verschwindet er im Health Centre.

Sabine lässt sich seufzend in die Kissen sinken, streckt ihre Beine von sich und faltet die Hände über ihrem Bauch zusammen. »Schwule Männer sind immer so wahnsinnig empfindlich«.

»So was sagt man nicht, Sabine! Das ist total homophob«, empöre ich mich über ihre Aussage.

»Ach herrje, fängst du jetzt auch schon so an wie deine Schwester und legst jedes Wort auf die Goldwaage? Die Nachbarschaft zu Claire bekommt dir nicht, Karin. Und außerdem war das nicht so gemeint.«

»Dann behalte deine Kommentare doch einfach mal für dich.«

Sabine reagiert schulterzuckend auf meine Bemerkung und schweigt, den Blick weiterhin aufs Meer gerichtet. Was sich hinter ihrer Sonnenbrille abspielt, erkenne ich nicht. Die Angela-Merkel-Mundwinkel kehren aber zurück. Irgendetwas stimmt mit ihr nicht. Aische würde sagen, man könne die negativen Energien wahrnehmen. Energien hin oder her, Sabine ist komisch. Ihre Kommentare gehen mehr als sonst unter die Gürtellinie, ihre Laune ist dauerhaft im Keller und ob das einzig und allein an der ayurvedischen Ausreinigung liegt, das wage ich zu bezweifeln. Da ich nicht in der Stimmung bin, sie darauf anzusprechen, werfe ich einen Blick auf meinen Therapieplan. »Wie spät ist es?«, will ich von ihr wissen, aber sie zuckt erneut mit den Schultern. Sie behält jegliche Kommentare also ab sofort für sich. Auch gut.

Ich lasse Sabine mit den Worten: »Ich muss zu meinem Termin«, sitzen und erkundige mich an der Rezeption nach der Uhrzeit. Da ich bereits die Meditation geschwänzt habe, eile ich zum Health Centre, um wenigstens einen Termin meines heutigen Plans wahrzunehmen. Irgendwas mit Shiro-Dingsbums wartet in zwei Minuten auf mich.

Ich bin ja mal gespannt.

Eine Stunde später verlasse ich das Health Centre und mein Gesicht glänzt wie ein Honigkuchenpferd. Meine Haare sehen aus, als wären sie monatelang nicht gewaschen worden, und kleben in öligen Strähnen an meinem Kopf, wobei sie mein T-Shirt an Schultern und Rücken über und über mit Flecken vollsauen. Das kriege ich da nie wieder raus.

Die Stirngussmassage war die reinste Folter! Über eine halbe Stunde lang hat man mir tröpfchenweise Öl auf mein sogenanntes drittes Auge getropft, wobei ich fast verrückt geworden bin. Das ist wie mit dem Wasserhahn, der ständig tropft, nur mit Öl. Plopp. Plopp. Plopp. Die ganze Zeit. Das sei die pure Entspannung und würde meine intuitiven Energien freisetzen. Meine Intuition sagt mir, dass ich jetzt dringend einen Cocktail bräuchte! Ich solle nun in mich gehen, eine Stunde in absoluter Stille meditieren und mich zurückziehen. Nichts leichter als das, von uns redet eh keiner mehr mit dem anderen, außer Charlie und Fredi, den neuen Busenfreundinnen. Auf dem Weg zu meinem Zimmer nehme ich mein Abendessen als Brühe to go aus dem Restaurant mit, um wenigstens etwas im Magen zu haben. Mit dem Bambusbecher in der Hand schlendere ich an dem weißen Sandstrand entlang. Es ist mittlerweile früher Abend, die Sonne geht bereits unter und färbt den Horizont in sanfte Rosétöne, die auf das abendlich blaue Wasser treffen. Ich verlangsame meine Schritte und bleibe schließlich stehen. Es ist niemand weit und breit zu sehen. Ich bin allein. Ganz allein. Mal wieder, nur diesmal nicht mitten in der Nacht im heimischen Wohnzimmer meines Vorstadtreihenhauses, sondern bei romantischster Sonnenuntergangsstimmung an einem paradiesischen Traumstrand mitten im Indischen Ozean. Das sanfte Wellenrauschen entfaltet seine beruhigende Wirkung, meine Atmung verlangsamt sich und wären meine Haare nicht voller Öl, würden sie in der leichten Brise wehen. Ich nippe bedächtig an der lauwarmen Brühe, die gar nicht so schlecht schmeckt, und lasse meinen Gedanken freien Lauf.

Die Ereignisse der vergangenen Monate tauchen auf. Der Tod meines Vaters; die Neuigkeit, dass er offensichtlich versucht hatte, Kontakt zu uns aufzunehmen, was aber von meiner Mutter verhindert worden war; ihre Lüge diesbezüglich und die Tatsache, dass ich sie bis heute nicht darauf angesprochen habe. Das zunehmend angespannte Verhältnis zu meinen Freunden, das mittlerweile dazu geführt hat, dass wir uns mit unseren Geheimnissen voneinander zurückziehen, anstatt füreinander da zu sein. Und dann Mark, der ein zweites Kind von mir will. Nicht mit mir, sondern von mir. Das sagt mir meine Intuition. Nanu? Sollte das Stirngussöl tatsächlich mein drittes Auge aktiviert haben? Diese Eingebung war von Anfang an da, aber zulassen wollte ich sie nicht, denn was würde es bedeuten? Dass ich hinsehen müsste, so wie Sabine es einst formulierte, als es um ihre Paartherapie mit Frank ging. Und was würde ich zu sehen bekommen und am Ende vielleicht sogar erkennen müssen? Dass meine Entscheidungen der letzten Jahre allesamt Fehler waren?

Als sich die untergehende Sonne mit ihren letzten Strahlen verabschiedet, bevor sie ins Meer abtaucht, erscheint ein hauchdünner Streifen am Horizont, zu dem Lilly jetzt sagen würde: »Schau mal, Mami, der sieht aus wie das Innere eines zartrosa Rinderfilets!« Sie liebt Rinderfilet, was äußerst ungewöhnlich ist für eine Vierjährige, aber der Gustl hat ihr das schmackhaft gemacht und mir beigebracht, wie man es richtig zubereitet. Es ist das Einzige, was ich in einer Pfanne hinkriege, ohne dabei den Rauchmelder auszulösen.

Ich vermisse Lilly. Auch wenn sie mich gelegentlich in den Wahnsinn treibt und ihre Geburt mir schreckliche

Elternabende mit noch schrecklicheren Eltern beschert hat. Ein zweites Kind würde die Verlängerung davon bedeuten und ich müsste mit Mitte vierzig noch an Elternabenden teilnehmen. Will ich das?

Das Einzige, was ich aktuell will, ist, mir das Öl aus den Haaren zu waschen, weshalb ich meine Gedanken fürs Erste abschüttele und meinen Weg fortsetze.

Auf dem Zimmer angekommen, dusche ich ausgiebig und lege mich bereits um acht Uhr ins Bett, wo ich augenblicklich in einen tiefen Schlaf falle.

Heute darf ich endlich wieder feste Nahrung zu mir nehmen. Am Frühstücksbuffet begrüßen mich lauwarmer Haferbrei und diverse Obstsorten mit allerlei Körnern und Samen. Kaffee oder schwarzen Tee sucht man hier vergebens, stattdessen gibt es heißes Wasser, ayurvedische Reisbrühe und zerlassenes Butterschmalz.

An einem der hinteren Tische entdecke ich Charlie. Sie sitzt dort alleine, löffelt bedächtig ihren Haferbrei und blickt aufs Meer. Alle schauen hier immer und die ganze Zeit aufs Meer. Kein Wunder. Es ist schließlich überall.

Unsicher, ob ich mich einfach zu ihr gesellen soll, stoppe ich auf halbem Weg an ihren Platz. Das wäre noch vor wenigen Tagen gar keine Frage gewesen, aber die Dinge haben sich geändert und die ayurvedische Atmosphäre trägt ihren Teil dazu bei. Die Charlie, die ich einmal glaubte zu kennen, existiert nicht mehr. Die Person dort am Tisch ist eine andere und ich habe keinen blassen Schimmer, wer. Sie erscheint mir weniger zerbrechlich, und während es früher absolut unvorstellbar war, sie alleine irgendwo sitzen zu lassen, muss ich nun die Möglichkeit in Betracht ziehen, dass sie alleine sein will. Es gibt nur einen Weg, das herauszufinden.

»Guten Morgen Charlie, darf ich mich zu dir setzen?«, spreche ich sie an, als ich ihren Tisch erreiche.

»Guten Morgen. Gerne, ich muss sowieso gleich los zur Meditation. Du nicht auch?«, begrüßt sie mich.

»Ich dachte, meditieren sei freiwillig«, übergehe ich die Tatsache, dass ich diesen Punkt auf meiner Agenda schon wieder vergessen habe. Aber nach Charlies gestriger Standpauke traue ich mich nicht, es auszusprechen, geschweige denn zuzugeben, dass ich keinen Bock auf stundenlanges Schneidersitzen habe. Seitdem ich weiß, was die zauberhafte Charlie alles mit einem Baseballschläger anrichten kann, bin ich lieber vorsichtig. Also ergänze ich schnell: »Aber das habe ich wohl verwechselt. Ich esse nur schnell ein paar Happen von meinem leckeren Porridge und komme direkt mit.«

»Braves Mädchen«, setzt Charlie ein fieses Robert-De-Niro-Grinsen auf, bei dem es mir kalt den Rücken runterläuft. STOPP! Das bilde ich mir nur ein. Oder? »Das war übrigens nicht nett von dir gestern. Du hast Fredis Vertrauen missbraucht, als du Sabine von ihm und Alessandro erzählt hast.« Aha! Also doch Mafiaboss. Und Fredi? Der hatte nichts Besseres zu tun, als direkt loszurennen und zu petzen. So ein mieser Verräter!

»Woher sollte ich wissen, dass ihm das nicht recht ist? Wir erzählen doch sonst immer alles voneinander«, verteidige ich mich.

»Du kennst Sabine lang genug. Die besitzt kein Mitgefühl in solchen Situationen. Aber Fredi ist sehr empfindsam und braucht jetzt genau das und keine Belehrungen über seine Schwächen.« Da hat sie recht.

»Ist dir etwas an Sabine aufgefallen die letzten Tage?«, lenke ich von meiner Schuld ab. »Ich finde sie irgendwie komisch.«

»Das liegt bestimmt am Entzug.«

»Am was?«, bin ich irritiert.

»Sie hat seit drei Tagen keinen Alkohol mehr getrunken.«

»Sabine ist doch keine Alkoholikerin!«

»Glaube mir, Karin, unsere liebe Sabine hat definitiv ein Alkoholproblem. Ich komme aus einer Säuferfamilie und weiß ganz genau, wie das aussieht, wenn einem Süchtigen der Stoff fehlt. Sie ist gereizt und mittlerweile regelrecht feindselig, hat sich komplett von uns zurückgezogen und ist dir gestern das Zittern ihrer Hände nicht aufgefallen? Oder was glaubst du, warum sie sich immer an irgendetwas festhalten muss? Achte mal darauf.«

Angespannt wühle ich in meinen Erinnerungen der letzten drei Tage. Ist das wahr? Hat Charlie etwa recht und

Sabine tatsächlich ein Problem mit dem Alkohol? Ich kenne sie nicht anders als mit einem Glas Champagner oder Rotwein in der Hand, aber das gehört zu Sabine wie ihr Name an der Tür. So habe ich sie kennengelernt und mir nie Gedanken darüber gemacht. Sie trinkt halt gerne mal einen. Mark pikiert sich öfters über ihren Konsum und beschimpft Sabine als meine Alkoholikerfreundin, aber das macht er nur, um mich zu beleidigen, wenn wir uns streiten und ihm die Argumente ausgehen. Dachte ich jedenfalls.

»Hat sie dir etwa anvertraut, dass sie ein Problem hat?«, frage ich.

»Das muss sie nicht. Ich weiß es. Das ist so sicher wie das Amen in der Kirche. Was glaubst du, weshalb ich sie hierhergelotst habe, ohne vorher durchblicken zu lassen, dass es auf der Insel nichts außer Wasser, Brühen und Säfte gibt?«

Ich falle aus allen Wolken. »Du hast das ganz bewusst eingefädelt?«, bin ich entsetzt. »Aber Charlie, so ein Entzug ist eine ernste Angelegenheit und muss unter ärztlicher Aufsicht stattfinden!«, weise ich sie auf die Verantwortung hin, welche sie sich damit aufgehalst hat.

»Kamal ist ein hervorragender Arzt und kennt sich damit bestens aus. Wenn es hart auf hart kommt, hat er die passenden Medikamente und Anwendungen parat. Ich lasse meine Freundin doch nicht ins offene Messer laufen! Und jetzt müssen wir los, die Meditation beginnt gleich.

Komm«, fordert mich Charlie auf und erhebt sich von ihrem Stuhl.

Ich fasse das kurz für mich zusammen: Charlie kannte den Arzt bereits vor unserer Anreise, weiß um Sabines Alkoholproblem, hat nichts davon durchsickern lassen, sie hierher auf die Insel verschleppt, wo Sabine dazu gezwungen ist, sich ihrem Problem zu stellen. Eine Flucht ist ausgeschlossen, weil wir hier von Wasser umzingelt sind und die Hauptinsel samt Flughafen eine Wasserflugzeugstunde entfernt liegt. Die Verbindung zur Außenwelt ist dank des nicht vorhandenen WLANs unterbrochen. Wow! Und keiner hat etwas geahnt. Obwohl ...? Moment! »Wusste Fredi von deinem Plan?«, fordere ich die Bestätigung für meinen Verdacht ein, während wir das Restaurant verlassen.

»Er hat es geahnt. Du weißt doch, wie feinfühlig er ist.«

»Aha.«

Wie ein Dackel trotte ich hinter Charlie her, ohne genau zu wissen, wo sie mich hinführt. Meinen Therapieplan habe ich natürlich auf dem Zimmer liegen lassen. Ob sie wohl auch eine geheime Mission für mich hat? Und wenn ja, welche?

Wir biegen vom Strand ab auf einen Holzsteg, der weit aufs Wasser hinausführt und an dessen Ende eine Art Zeltdach aufgebaut ist, unter dem sich ein paar Gestalten im Schatten tummeln. Der Gruppe zugewandt hockt eine Frau bereits im Schneidersitz. Ihre Beine stecken in bunt gemusterten Yogahosen und über ihrem durchtrainierten Oberkörper spannt ein weißes Tanktop. Sie scheint bereits länger auf der Insel zu leben, denn ihr Teint schimmert in Bronze. Die dunkelblonden, mittellangen Haare hält ein Stirnband zurück. Ich schätze sie auf Anfang bis Mitte vierzig.

Die letzten beiden freien Matten sind für Charlie und mich reserviert. Der Gebatikte ist auch anwesend. Er trägt heute einen safrangelben Kaftan und seine Matte liegt direkt neben meiner. Hoffentlich trägt der was drunter! Als ich versuche, mich in den Schneidersitz fallen zu lassen, verfluche ich meine Nachlässigkeit, denn hätte ich einen Blick auf meinen Therapieplan geworfen, wäre mir klar gewesen, dass knappe Jeans-Shorts für den heutigen Tag ein absoluter Fehlgriff sind. Es zwickt an Bauch und Schenkeln. Die anderen haben das Problem nicht, die kennen ihre Agenda. Sobald alle gleich die Augen zu haben, muss ich schnell meinen Hosenknopf öffnen, sonst halte ich das nicht aus.

»Namaste und herzlich willkommen. Ich bin die Mechthild und leite dich durch deine Morgenmeditation.«

Mechthild. Aha. Das passt ja.

»Begebe dich in eine bequeme Sitzposition.«

Geht nicht. Es zwickt. Verdammter Mist!

»Und schließe deine Augen.«

Na endlich! Augen auf, guckt auch keiner? Natürlich nicht. Die machen alles, was Mechthild sagt. Jetzt schnell den Knopf auf, bevor das einer mitbekommt. Ah, schon viel besser.

»Atme nun über deine Nase tief in den Bauch ein ...«

Na toll! Dafür muss ich den zweiten Knopf auch noch aufmachen. Augen schnell wieder auf und sichergehen, dass keiner schaut. Gut. Knopf schnell auf. Oh, tut das gut!

»... und über den Mund wieder aus. Lass die Luft dabei kräftig ausströmen.«

Oh nein! Die fangen alle an zu schnauben wie die Walrösser.

»Nimm dich und deine Umgebung wahr ...«

Mehr als mir lieb ist!

»... und achte darauf, ob du vielleicht noch etwas verändern möchtest.«

Ja. Alles!

»Nimm jetzt wahr, an welchen Stellen genau dein Körper den Boden berührt.«

Am Arsch! Wo denn sonst? Da sitze ich schließlich drauf.

»Nimm kurz deine Umgebung wahr.«

Schnaubende Walrösser!

»Und richte dann deine Aufmerksamkeit wieder voll und ganz auf deinen Atem.«

Neiiiin!

»Wiederhole das Ganze in aller Ruhe und in deinem Rhythmus noch dreimal.«

Das ist keine Entspannung, das ist Folter! Gestern die Ölung, heute das hier. Was kommt wohl als Nächstes? Die verpflichtende Teilnahme am Klangschalenorchester?

»Lass die Gedanken, die aufkommen, ruhig zu.«

Mordgelüste. Gleich schupse ich den Gebatikten ins Wasser, wenn der nicht sofort die Luft bei sich behält.

»Das ist völlig normal.«

Sag ich doch.

»Dann nutze deinen Atem, um dich wieder mit dem Hier und Jetzt zu verbinden, und atme deine Gedanken weg.«

Ich dreh durch! Wenn der Typ weiter so heftig bläst, ist gleich das ganze Wasser weg und wir haben Ebbe. Ich möchte ihn würgen!

»Du bist nicht deine Gedanken.«

Oh Gott! Hat die mich gehört? Habe ich das etwa gerade laut gedacht? Augen kurz auf. Scheiße ist das hell! Nein, keine Anzeichen dafür. Alle haben die Augen zu und atmen fleißig ihre Gedanken weg. Das sieht aber auch zu komisch aus, wie die alle da rumhocken und atmen. Oje, jetzt bloß nicht laut loslachen, Karin. Reiß dich zusammen, das gibt Ärger mit Charlie und wozu die fähig ist, weißt du ja mittlerweile.

»Sei geduldig und liebevoll mit dir. Nimm das an, was ist.«

Nein. Ich will, dass die Veranstaltung jetzt ein Ende hat. Wofür soll dieses Meditieren überhaupt gut sein? Zum Zeittotschlagen vielleicht. Hier passiert ja sonst nix. Gar nix. Nada. Null. Niente. Tote Hose und dazwischen Brei-, Brühe- und Linsenmahlzeiten. Das nennt sich dann also Ayurveda.

»Du bist genau da, wo du gerade sein sollst.«

Ist ja klar, dass die Mechthild das sagt. Muss sie ja. Der Reiseveranstalter zahlt schließlich ihr Gehalt. Fehlt jetzt nur noch die Werbeeinlage mit dem Frühbucherrabatt. Wahrscheinlich bekommt sie dafür Provision. Geschickt eingefädelt, die Gäste ins Nirwana zu meditieren, um sie dann mit verlockenden Angeboten zu ködern. Die Reiserücktrittversicherung kommt aber garantiert nicht dafür auf, wenn man versucht zu erklären, dass nicht man selbst, sondern das meditierende Unterbewusstsein die Urlaubsreise gebucht hat.

»Und nun konzentriere dich wieder auf deinen Atem und löse dich von deinen Gedanken. Alles in deinem Tempo und auf deine Art und Weise. Du musst nichts weiter tun, als dich nur auf dich zu konzentrieren. Ich behalte für dich die Zeit im Auge und signalisiere dir nachher mit diesem Gong, dass es Zeit wird, ins Hier und Jetzt zurückzukehren.« Es ertönt ein blecherner Gong.

Wir sind also noch lange nicht fertig. Und das soll ich jetzt dreimal täglich machen? Weitere sechs Tage? Da werde ich ja verrückt! Kann ich direkt aus dem Ferienflieger in den Bus zur Reha umsteigen. Was soll ich denn jetzt machen? Die sagt ja gar nichts mehr, die Mechthild. Hallo? Na toll. Wie soll man bitteschön an nichts denken? Das geht doch gar nicht. Da ist immer was im Kopf. Es gibt nicht nichts. Oder jemand, also niemand, weil ich ja an nichts und niemanden denken soll.

Hat die Sabine wirklich ein Alkoholproblem? Ich habe sie seit gestern nicht mehr gesehen und das, obwohl die Insel wirklich klein ist. Eine Umrundung am Strand dauert keine zehn Minuten. Beim Frühstück war sie auch nicht. Komisch. Und warum ist mir in all den Jahren nie aufgefallen, was oder wer da in Charlie steckt? Immerhin habe ich meine Tochter nach ihrem tot geborenen Mädchen benannt. Das ist tragisch und verbindet. Oder nicht? Aber nein, die hängt lieber mit Fredi ab und er mit ihr. Die beiden haben sich regelrecht abgesondert. Glauben wohl, sie sind was Besseres, nur weil sie Geld haben. Von wegen meditieren entspannt, es verspannt! Es macht mich aggressiv. Vielleicht sollte ich Fredi und Charlie zur Rede stellen, was sie sich einbilden. Und Sabine? Die, die immer eine Antwort auf alles und eine Lösung für jedes Problem hat, ist wie vom Erdboden verschwunden. Sind ihr wohl die schlauen Ratschläge ausgegangen, was? Jetzt, wo sie nichts mehr hat, in das sie sich einmischen kann, die Frau Oberschlau. Wenn ich nur daran denke, wie oft sie sich in mein Leben ...

Gong.

»Es ist nun an der Zeit, wieder in das Hier und Jetzt zurückzukehren.«

Aha. Die Mechthild hat ihre Sprache wiedergefunden. Toller Job. Dafür wird die auch noch bezahlt. Auf einer Ferieninsel im Paradies abzuhängen und Menschen beim Schweigen zu beaufsichtigen. Der könnte ich dafür jetzt in die Fresse schlagen.

»Richte deine Aufmerksamkeit wieder auf deine Umgebung und konzentriere dich auf deine Wahrnehmung. Und wenn du so weit bist, öffne langsam deinen Augen.«

Der Gebatikte pustet laut und stoßartig seine Luft aus.

Da wird einem ja schon beim Zuhören ganz schwindlig.

Als ich meine Augen vorsichtig öffne, treffen sich unsere Blicke und er sagt zu mir: »Ist das nicht ein perfekter Start in den Tag? Gedankenfrei und völlig losgelöst?«

Von der Erde fliegt das Raumschiff völlig schwerelos, ja, ja! Danke für den Ohrwurm! Von wegen Gedankenfreiheit!

»Namaste und hab einen wundervollen Tag. Bis heute Nachmittag«, verabschiedet sich die Mechthild.

Ich muss mir dringend eine Entschuldigung für diesen ganzen Meditationsmist einfallen lassen. Noch mal mache ich das nicht mit.

Ich will aufstehen, aber alles klemmt. Meine Beine sind eingeschlafen, meine Hüfte tut weh und mein Rücken spannt. Meditation. Dass ich nicht lache! Charlie springt aus ihrem Schneidersitz auf wie ein junges Reh und streckt mir ihre Hand entgegen, an der ich mich unter lautem Gestöhne hochziehe. Wie alt bin ich doch gleich? Einhundert?

»Was steht bei dir jetzt auf dem Programm?«, ist sie neugierig. Mist! Jetzt muss ich gestehen, dass ich meinen Plan auf dem Zimmer habe liegen lassen und es mich in Wahrheit nicht die Bohne interessiert, wohin und zu wem ich jetzt gehen soll. Ich gestehe also.

»Du kannst das an der Rezeption nachfragen, dann verlierst du keine Zeit und verpasst deine Anschlussbehandlung auf gar keinen Fall«, grinst sie mich breit an.

Na toll!

Wir setzen uns in Gang und ich werde das Gefühl nicht los, dass Charlie mich bewacht. Sie begleitet mich auf Schritt und Tritt, immer eine halbe Armlänge hinter mir, so, dass sie jeden Moment nach mir schnappen könnte, sollte ich versuchen davonzulaufen.

Die Sonne knallt mir mit voller Wucht ins Gesicht. Warum vergesse ich ständig meine Sonnenbrille, wenn ich sie am dringendsten brauche? Wir laufen über den Steg an den Strand zur Rezeption, die sich in unmittelbarer Nähe befindet. Alles ist hier nah beieinander, nur zwischenmenschlich tun sich Welten auf. Am Empfang arbeitet heute die Gabi mit dem prallen Busen vom Begrüßungskomitee. Täusche ich mich oder sieht die mich komisch an? Und warum schaut sie mir zwischen die Beine? Geht's noch?

»Du hast als Nächstes eine Synchronabhyanga, die findet gleich nebenan im Health Centre statt«, klärt sie mich auf, den Blick immer noch zwischen meinen Augen und meinem Schritt hin- und herwandernd. Macht die mich etwa an?

»Und was soll das sein? Dieses synchrone Abbabanga?«

»Abhyanga. Das ist eine Ganzkörpermassage, bei der du von zwei Therapeuten gleichzeitig massiert wirst.«

»Das ist der Wahnsinn!«, ertönt plötzlich Sabines Stimme direkt hinter mir. »Ich habe gestern dabei fast einen Orgasmus bekommen! Du wirst es lieben.« Wo kommt die denn auf einmal her?

»Ich will aber keinen Orgasmus!«, flehe ich die Gabi an, die jetzt rot anläuft.

»Warum nicht? Ist doch angeblich so gut für die körperliche Ausreinigung der ganzen Giftstoffe, nicht wahr, Charlie? Deswegen sind wir schließlich alle hier, oder etwa nicht?«, ist Sabine gereizt.

»Die Massage dient dem Loslassen und Lösen von Blockaden und inneren Knoten«, versucht die Gabi das Gespräch in eine alltagstaugliche Richtung zu lenken.

»Das geht genauso gut mit Sex und Orgasmen«, mischt sich Sabine erneut ein.

»Man kann nicht immer alles mit Sex lösen, Sabine!«, fährt Charlie sie daraufhin an.

»Warum? So hast du dir schließlich deinen Mann geangelt und die Lösung hat doch ganz gut für dich funktioniert, oder etwa nicht?«

Stille.

Charlie holt tief Luft und entgegnet: »Du meinst den Mann, der vor Kurzem noch um sein Leben gekämpft und uns allen diesen Trip hierher bezahlt hat? Den Mann, dessen Haustür immer offen steht für dich und deine Kommentare, die du dir zu allem und jedem erlaubst? Den Mann, der dich noch nie vor die Tür gesetzt hat, nachdem du mal wieder seinen Champagnervorrat ausgetrunken hast, Sabine?« In Charlies Augen staut sich ein Meer aus Tränenflüssigkeit, bereit, sich jeden Moment in Sturzbächen über ihre Wangen zu ergießen. Doch bevor das geschieht, macht sie auf dem Absatz kehrt und rennt davon.

Die Gabi ist mit der Situation völlig überfordert und sieht aus wie ein verschrecktes Häschen, das vor der Schlange hockt und sich am liebsten unter dem Rezeptionstischchen verkriechen möchte. Ich halte währenddessen die Luft an. Wenn das die Atemspezialistin Mechthild sehen würde, wäre ich geliefert und müsste im Meditieren nachsitzen. Sabine steht einfach nur da und blickt Charlie hinterher.

»Musste das wirklich sein?«, will ich nach einer kurzen Pause von ihr wissen.

Aber eine Antwort erhalte ich nicht und Sabine wendet sich mit einem »Das hier ist doch alles total bescheuert!« von mir ab und geht.

»Deine Behandlung beginnt in zwei Minuten in Raum drei«, erinnert mich Gabi zaghaft an die mir bevorstehende Massage mit dem unaussprechbaren Namen und der Orgasmusprophezeiung.

Was soll's. Lass ich mich halt 'ne Runde befummeln.

Die zwei Damen, die mich in Behandlungsraum drei des Health Centres erwarten, weisen mich an, alles auszuziehen und mir lediglich ein Handtuch umzubinden. Während ich mich entkleide, erkenne ich, warum mich die Gabi so komisch angeglotzt hat. Mein Hosenstall stand sperrangelweit offen, weil ich die zwei Knöpfe meiner Shorts nach der Meditation nicht mehr zugemacht habe. Ich bin die ganze Zeit mit offener Hose durch die Gegend gelaufen. Vielleicht sollte ich mir auch einen Kaftan zulegen, wie der Gebatikte, dann passiert mir so etwas nicht noch einmal. Gott, wie peinlich!

Man erklärt mir, dass nach der Darmreinigung nun mein Fettgewebe durch die Massage mobilisiert werde. Das klingt so gar nicht nach Orgasmus. Mobilisiertes Fettgewebe? Eliminiertes Fettgewebe wäre mir lieber, aber gut. Anschließend würde man mich dann ins Dampfbad schicken, damit alle Giftstoffe auch garantiert zu den Ausscheidungsorganen transportiert würden. Spätestens jetzt sind sämtliche Lustgefühle in mir verflogen und ich bin beruhigt, dass es sich hierbei ganz offensichtlich um ein rein medizinisches Rumgefummel handelt. Welch eine Erleichterung!

Ich lasse mich auf der Massageliege nieder. Auf dem Bauch liegend versuche ich, mein Gesicht so bequem wie möglich in der Kopfstütze zu platzieren, was komplizierter ist, als gedacht. Zum Atmen (schon wieder Atmen!) gibt es zwar eine Guckloch-Vorrichtung nach unten, die mir die Sicht auf hübsch arrangierte weiße Steinchen in Herzchenform am Boden freigibt, aber meine Stirn- und Wangenpartie wird dabei so dermaßen auseinandergezogen, dass ich nur erahnen kann, wie sich ein Facelifting anfühlen muss.

»Du liege bekwäm?«, fragt eine der Massagefrauen mit einem ganz putzigen Akzent. Sie steht bei mir am Kopfende und durch das Guckloch kann ich ihre zierlichen hübschen Füße erkennen, deren Zehen kleine goldene Ringe schmücken. Ich mag ja keine Füße, aber ihre sind echt hübsch. Alle Zehen auf einer Höhe, absolut symmetrisch angeordnet und die Nägel dunkelrot lackiert, Schuhgröße 36, maximal, wenn überhaupt. In Deutschland müsste sie in der Kinderabteilung shoppen.

»Bequem«, lüge ich.

»Wir beginne mit de Balsam und dann make de Massage mit de Balsam. Isse spezielle Kräuter-Tinktur fur deine Konstitition-Tüp.«

Aha. Ich werde mit einer lauwarmen Paste eingerieben und die riecht irgendwie nach ... STOPP! Das kann doch nicht wahr sein. Die marinieren mich! Mein ganzer Körper wird einmassiert mit einer Kräutermischung, deren Geruch ich von meinem Metzger kenne, wenn ich das Grillfleisch besorge. Soll ich im anschließenden Dampfbad etwa gegart werden, oder was? Gutes, deutsches Qualitätsfleisch mit ordentlich Fett am Knochen als Geschmacksträger? Aber protestieren kann ich nicht. Will ich nicht, dafür fühlt es sich einfach ... viel zu gut an. Oh mein Gott! Zwanzig Finger gleichzeitig, die meine Körperrückseite an allen möglichen Stellen in kreisenden Bewegungen stimulieren und dabei völlig synchron sind. Es ist, als würde eine Person mit vier Händen meinen Körper bearbeiten. Die beiden sind aufeinander abgestimmt wie ein Schweizer Uhrwerk. Jetzt weiß ich, was Sabine damit meinte, als sie sagte, dass sie beinahe einen Orgasmus gehabt hätte. Nur, dass das hier viel besser ist! Ohne Rumgeturne, Akrobatik und gefaktem Gestöhne. Und was am allerbesten ist: Ich muss dabei gar nichts tun! Nur stillliegen. Meine auseinandergezogene Gesichtshaut in der Kopfvorrichtung ist mir mittlerweile völlig egal, denn im Vergleich zu dem Wohlempfinden, das der Rest meines Körpers gerade erfährt, ist das gar nichts! Ob ich jetzt behaupten kann, einen Dreier gehabt zu haben?

»So, Massage isse jetz Ende. War gut?«, werde ich aus dem Zustand meines absoluten Glücksgefühls gerissen.

Wie jetzt? Das sollen neunzig Minuten gewesen sein? Schon? Ich will mehr Abbabanga-Dingsbums, aber die Damen schicken mich kurz unter die Dusche und dann direkt nach nebenan in das Dampfbad.

Als ich den gekachelten Raum betrete, sehe ich vor lauter Dampf so gut wie nichts. Bei fünfunddreißig Grad Außentemperatur in ein Dampfbad zu treten, ist ungefähr so, wie aus einem hundertachtzig Grad heißen Heißluftbackofen zu kommen und in einen Gartopf zu tauchen. Wäre ich eine Paprika, ließe sich meine Haut anschließend garantiert wie von selbst abschälen.

Ich ertaste die Bank und setze mich nackt auf mein Handtuch. Wenigstens bin ich alleine, und selbst wenn jemand hier wäre, würde ich ihn oder sie nicht sehen können und umgekehrt genauso. Ich bin kein Freund von ›nackig mit Fremden abhängen‹, weshalb ich auch nie in die Sauna gehe. Es fällt mir schwer, Menschen in die Augen zu sehen, wenn sich deren Genitalien direkt vor mir erstrecken, und ich muss echt nicht wissen, was sich bei anderen im Untergeschoss abspielt. Aber so geht das. Ich, ganz alleine, umgeben von einem Haufen Dampf.

»Ist das nicht herrlich, diese Feuchtigkeit auf der blanken Haut?«, erschreckt mich die männliche Stimme fast zu Tode! Wo kommt der denn auf einmal her? »Warst du auch bei der Abhyanga?«, will der Unsichtbare von mir wissen.

Oh Gott, den kenne ich doch! Das ist der Gebatikte, jetzt der Nackte, der mit mir hier im Dampfbad hockt. Mir wird schlecht. Hektisch raffe ich mein mittlerweile komplett durchnässtes Handtuch zusammen und wickele es eng um meinen Körper. Ich muss hier raus.

»Ja. Aber mir bekommt die Hitze nicht, ciao«, verschwinde ich nach draußen. Ich renne zur Umkleide und versuche, mich in meine Shorts zu quetschen, was in meinem Zustand nicht ganz einfach ist. Alles an mir ist klamm und durch die feuchte Hitze ist mein Körper aufgequollen. Es hilft alles nichts, die oberen drei Knöpfe müssen offenbleiben und ich muss mit offenem Hosenstall zurück aufs Zimmer laufen. Dort dusche ich ausgiebig, um die Gedanken vom nackigen Gebatikten abzuwaschen, mit dem ich mir eine Dampfwolke teilen musste, und schlüpfe in die neue, knielange Tunika mit Floraprint, die ich extra für diesen Urlaub gekauft habe.

Urlaub. Das ist doch kein Urlaub. Alles gerät aus den Fugen. Was eine Auszeit unter Freunden werden sollte, mutiert zum endgültigen Aus. Anstatt die Tage gemeinsam cocktailtrinkend am Pool zu verbringen, kapseln wir uns voneinander ab. Ich erkenne uns nicht wieder. Sie sollten mir doch Halt geben, dafür sorgen, dass ich mich nicht schon wieder so alleine fühle. Dass diese Einsamkeit verschwindet, die sich in meinen Eingeweiden festgefressen hat. Und jetzt sitze ich hier auf dem riesigen Doppelbett in diesem großen Zimmer an einem grandiosen Ort mitten im Paradies und beginne zu weinen. Ich lasse mich nach hinten aufs Bett fallen und halte mir die Hände vors Gesicht, um die Schreie zu unterdrücken, die in meinem Hals feststecken. Ich rolle mich auf den Bauch und schluchze in das große Kopfkissen, welches zum Schalldämpfer meiner Gefühle wird. Mein Körper zuckt immer wieder ruckartig zusammen unter den Strömen aus Verzweiflung und Ratlosigkeit. Und niemand ist da, der sie für mich auffängt. Niemand.

Nach einer Weile verebben die Tränen und ich richte mich wieder auf, gehe in das Freiluft-Bad, wasche mir das Gesicht mit kaltem Wasser und lege eine ordentliche Fuhre Concealer auf, um die Augenringe zu kaschieren. Meine

Wimpern bepinsele ich mit Tonnen von Mascara und hole dann mein Handy aus dem Tresor. Entschlossen marschiere ich zur Rezeption, wo ich das WLAN-Passwort von der Gabi einfordere. Damit setze ich mich in eine der hintersten Loungeecken und wähle über meine Kontakte Mark an. Es ist Samstag und in Deutschland gerade Morgen, also beste Voraussetzungen, um mit meiner Tochter sprechen zu können. Ich muss jetzt ihre Stimme hören. Stattdessen ertönt direkt die Mailbox meines Mannes. Komisch. Er müsste doch zu Hause gemeinsam mit Lilly und meinen Schwiegereltern beim Frühstück sitzen. Wir hatten vor meiner Abreise besprochen, dass er am Wochenende die ganze Zeit auf Empfang bleibt, für den Fall, dass sie oder ich Sehnsucht bekommen sollten. Vielleicht sind sie bei Claire, die ich direkt im Anschluss anwähle.

»Lilly ist hier«, antwortet sie nach der Begrüßung direkt auf meine Frage. »Schon seit Donnerstag, wusstest Du das nicht?«

Nein, das wusste ich nicht. »Und wo ist Mark?«

»Der musste spontan nach Barcelona wegen eines Meetings mit dem Baustoffhersteller für sein Großprojekt. Daher hat er seinen Eltern für das Wochenende mit Lilly abgesagt und sie zu uns gebracht. Hat er dir das nicht geschrieben?«

»Ich habe hier kein Netz und kann nur einmal täglich Nachrichten checken.«

»Bist du in einem Gefängnis? Ich dachte, du machst Ayurveda.«

»Ist das nicht dasselbe?«, gebe ich halblaut von mir, während mein Gehirn auf Hochtouren die Fakten zusammenträgt und zu folgender Schlussfolgerung kommt: Mein Ehemann hat sich nach nur einem Tag Kinderdienst aus dem Staub gemacht und unsere Tochter bei meiner Schwester geparkt, um nach Barcelona abzudüsen. Übers Wochenende! Zu einem Geschäftstermin? Oh ja, das kann ich mir nur zu gut vorstellen. Und ich weiß auch, welcher Baustoffhersteller dort zufällig seinen Firmensitz hat: der Arbeitgeber von Frau Dr. Maren Ponte. Mein Mann befindet sich mit seiner heißen Ex-Kollegin und Immer-noch-Geschäftspartnerin auf einem Wochenendtrip in Barcelona und verkauft es als berufliche Verpflichtung, mit der er unseren Lebensunterhalt finanziert. Das wird er mir jedenfalls vorwerfen, wenn ich ihn zur Rede stelle. Was ich sofort tun werde. Aber erst will ich Lilly sprechen, denn ihretwegen habe ich angerufen.

Ihre zuckersüße Kinderstimme trifft mich mitten ins Herz. Sie erzählt vom gestrigen Besuch im Zoo und wie sie den gerade mit ihrem Cousin und ihrer Cousine mithilfe von zig Kuscheltieren nachspielt. Sie muss auch ganz dringend zurück zu den Affen, denn die werden jetzt mit Bananen gefüttert. Ich kann gerade noch ein »Hab dich auch lieb, Mami« aus ihr rausquetschen und weg ist sie. Ich will direkt wieder losheulen. Konnte ich es anfangs gar nicht erwarten, endlich von zu Hause und meinem Kind wegzukommen, wünsche ich mir gerade nichts sehnlicher, als sie in meine Arme zu schließen und nie wieder loszulassen.

»Es ist alles in bester Ordnung, Karin, also mach dir keine Sorgen«, höre ich nun wieder Claire am anderen Ende der Leitung. »Lilly geht es bestens. Sie spielt und tobt die ganze Zeit mit Annegret und Korbinian, sodass sie kaum Zeit hat, dich zu vermissen. Also genieß deinen familienfreien Urlaub. Und hey, meinst du, dieses Ayurveda wäre auch was für mich?«

»Nun ja, es gibt halt keinen Kuchen«, spiele ich auf ihre tägliche Ration Blechkuchen an.

»Um Gottes willen. Was ist das denn bitte für ein Hotel?«, lacht sie und verabschiedet sich, weil im Hintergrund Unruhe entsteht, die mit lautem Kindergeschrei einhergeht.

Sofort versuche ich erneut, Mark zu erreichen. Wieder die Mailbox. Na warte. »Sag mal, geht's noch? Ich muss gerade durch Zufall von Claire erfahren, dass du spontan übers Wochenende verreist und unsere Tochter an den einzigen beiden Tagen, an denen du dich um sie kümmern solltest, bei meiner Schwester ablieferst. Und du willst ein zweites Kind von mir? Echt jetzt? Ein Geschäftstermin, ja? So nennt man das also, wenn man heimlich seine Ex-Kollegin fickt, oder was?«, schreie ich den letzten Satz in mein Telefon, das ich vor meinem Gesicht in der rechten Hand unter meinen Mund halte. Dann drücke ich energisch auf den roten Hörer, lasse meinen Arm und meinen Kopf sinken und drehe mich langsam zum Gehen um.

Drei schockierte Augenpaare sehen von der Rezeption aus zu mir herüber. Eines davon gehört der Gabi, die anderen beiden einem Pärchen, das gerade angekommen zu sein scheint und sich den Therapieplan aushändigen lassen wollte, der auf halbem Weg über den Tisch zu ihnen in Gabis Händen stecken geblieben ist. Wie zu Salzsäulen erstarrt stehen sie da und können ihre Blicke nicht von mir abwenden. Die Szene wirkt, als hätte jemand die Pausetaste gedrückt. Als ich mich in Gang setze und auf sie zugehe, weil ich an ihnen vorbei muss, um aus dem Rezeptionsbereich zu kommen, wenden sie sich wieder einander zu und versuchen mit allerlei äh, na ja und also, ihren Gesprächsfaden wieder aufzunehmen. Wenn ich abreise, ist die Gabi reif für die Therapie.

Im Restaurant nebenan wird das Mittagessen aufgetischt und ich will mir auf den Schreck eine scharfe Linsensuppe gönnen. Mir steht der Sinn eher nach Gin. Vielleicht tut es auch Chili. Am Buffet entdecke ich Charlie und Fredi in trauter Zweisamkeit die Auslage begutachten. Charlie hat in den drei Tagen abgenommen, was bei ihrer zierlichen Figur sofort auffällt. Nur der Busen ist geblieben und steht wie eine Eins. Silikon interessiert der Fettgehalt deiner Nahrung nicht, das bleibt hartnäckig. Fredis Muskeln sind noch definierter und ich spekuliere, dass er jede Menge Liegestützen macht. Als unfreiwilliger Neu-Single muss er sich in Form halten. In meiner Tunika sehe ich halbwegs passabel aus, laufe nicht Gefahr, mit offenem Hosenstall durch die Gegend zu wandern und mein Hüftgold ist perfekt kaschiert. Beste Voraussetzungen also, mich dem Traumpaar anzuschließen, ohne mir daneben wie Cindy aus Marzahn vorzukommen. »Lange nicht gesehen«, grüße ich die beiden.

»Karin, ich wollte schon eine Vermisstenanzeige rausgeben. Wie war deine Massage?«, zeigt Charlie echtes Interesse an meinem Verbleib, obwohl es keine drei Stunden her ist, als wir uns das letzte Mal gesehen haben.

Ich berichte breit und ausführlich von den Ereignissen meines Vormittags, während wir unsere Schüsseln auffüllen, einen Tisch suchen und uns zum Essen niederlassen. Die Heulerei auf dem Zimmer und meinen untreuen Ehemann lasse ich bei meinen Ausführungen weg.

»Und wie sieht der Gebatikte unter seinem Kaftan aus? Das habe ich mich schon die ganze Zeit gefragt. Ist er rasiert?«

»Fredi!«, bin ich angewidert. »Nicht dein Ernst! Ich bin traumatisiert, mit so einem wie dem nackt in einem Raum gewesen zu sein. Da war zum Glück so viel Dampf mit im Spiel, dass ich ihn nur hören konnte und nicht auch noch sehen musste. Aber allein die Vorstellung hat mir jetzt den Appetit verdorben.« Demonstrativ schiebe ich meinen Suppenteller eine Armlänge von mir weg. »Hat einer von euch Sabine gesehen?«, wechsele ich das Thema.

»Nein. Zu den Gruppenmeditationen geht sie nicht und bis auf die Massage, von der sie uns neulich vorschwärmte, hat sie jeden ihrer Termine geschwänzt. Ich mache mir langsam wirklich Sorgen. Irgendwas stimmt nicht mit ihr«, ist Fredi besorgt.

»Ausgerechnet du sorgst dich um sie? Und das, nachdem sie so unsensibel war und auf deinen Schwächen herumgetrampelt ist?«, erstaunt mich sein Verständnis Sabine gegenüber.

»Du meinst, nachdem du mein Beziehungs-Aus brühwarm an sie verraten hast?«, erwidert Fredi spitz.

»Woher soll ich wissen, dass wir plötzlich alle Geheimnisse voreinander haben und keiner dem anderen mehr etwas erzählt? Ach nein, ich vergaß: Bei euch beiden ist das ja was anderes!«

Es entsteht eine längere Pause, in der Fredi und Charlie ihre Brühen löffeln und ich aufs Meer schaue. Natürlich habe ich mal wieder meine Sonnenbrille vergessen und die Helligkeit blendet mich, sodass ich die Augen zusammenkneifen muss. Am liebsten würde ich aufstehen und gehen. Nur wohin? Auf dieser kleinen Insel kann man sich nicht aus dem Weg gehen. Außer Sabine, bei der Ayurveda offensichtlich Superkräfte freisetzt und die sich seit Neuestem unsichtbar machen kann.

»So kann das nicht weitergehen«, ergreift Charlie das Wort. »So kann und will ich die restlichen sechs Tage nicht mit euch verbringen, so ohne euch. Ich will mit euch sein.

Mein Mann hatte einen Herzinfarkt, die haben seinen Brustkorb aufgeschnitten und in seinem kaputten Herzen herumgestochert. Wenn er stirbt, habe ich niemanden, versteht ihr? Niemanden! Ich brauche euch.« Und jetzt hat Charlie so gar nichts mehr von einer Schlägerbraut, die andere unfruchtbar prügeln kann. Sie sackt in sich zusammen und erweckt meinen Beschützerinstinkt als Mutter. Ich lege meine Hand auf die ihre und Fredi tut es mir gleich. Und genau hier und jetzt erlebe ich den ersten harmonischen Moment seit unserer Ankunft.

Und wer könnte den besser zerstören als Sabine. »Ach, wie nett. Gruppenkuscheln? Darf man mitmachen oder wird das hier ein geschlossener flotter Dreier?«

»Setz dich hin und halt den Mund, Sabine. Wir müssen reden!«, befiehlt Fredi.

Und dann reden wir.

Kapitel 7

»Und jetzt?«, frage ich. »Was wirst du tun? Es ihm sagen?«

»Das kann sie nicht, damit zerstört sie ihre Familie und seine noch dazu«, tadelt mich Charlie.

»Das hat Frank all die Jahre doch auch nicht interessiert«, wirft Fredi ein.

»Aber bei ihm sind kleine Kinder im Spiel«, zischt Charlie.

»Liebst du ihn denn?«, will ich wissen. »Oder ist es nur der Sex?«

Sabine lässt sich ungewöhnlich viel Zeit für ihre Antwort, im Gegensatz zu sonst, wenn sie ihre Kommentare aus der Pistole schießt. Aber hier geht es zur Abwechslung mal nicht um andere und da wird es dann plötzlich ganz still um sie. Keine sofortige logische Schlussfolgerung, keine direkte praktikable Lösung.

»Ich habe keine Ahnung, könnt ihr euch das vorstellen?«, sieht sie uns fragend an. »Ich weiß es nicht. Ich, die immer auf alles und für jeden eine Antwort parat hat. Ich glaube, das ist für mich noch viel schlimmer als die Tatsache, dass ich mich verliebt habe.«

»Womit du deine Antwort hast, meine Liebe. Du hast dein Herz verloren«, analysiert Dr. Fredi Freud.

»Du hast dein Herz an einen Herzchirurgen verloren, wenn das kein Omen ist«, beweist Charlie Humor und versucht dabei, ihr Lachen zu unterdrücken. Ohne Erfolg, denn selbst Sabine muss lächeln, was uns andere dazu veranlasst, mit einzusteigen. Und dann platzt er endlich, der Knoten. Wir verfallen nacheinander in einen ausgelassenen Lachanfall, der all den Anspannungen der vergangenen Tage Luft macht.

Sabines Geständnis ihrer Affäre mit dem verheirateten Herzchirurgen, der Alfi das Leben gerettet hatte, war für uns alle eine Überraschung. Die Rolle der betrogenen Ehefrau hatte sie über die Jahre hinweg so perfektioniert, dass sie nie selbst auf die Idee gekommen wäre, es ihrem Mann gleichzutun. Mit den Schmetterlingen im Bauch, die ihr das rationale Denken vernebeln, hat Sabine allerdings nicht gerechnet, denn im Gegensatz zu Frank, der nie ernste Absichten mit seinen Seitensprüngen verfolgte, hat sich Sabine in ihr außereheliches Abenteuer verliebt.

»Und wie steht es um Christophs Gefühle? Hat er sich auch in dich verliebt?«, wagt es Fredi, die Frage zu stellen, die uns allen unter den Nägeln brennt.

»Ich weiß es nicht und genau das macht mich so fertig. Sonst spreche ich die Dinge immer direkt an, aber bei ihm ist das anders. Vielleicht auch, weil er jünger ist.«

»Wie viel jünger?«, interessiert mich der genaue Altersunterschied.

»Fünf Jahre«, antwortet Sabine kleinlaut.

»Na und? Das ist doch nichts. Sieh dich an, Sabine. Du bist dreiundvierzig und in Topform! Selbst ich als schwuler Mann muss zugeben, dass du ein echter Hingucker bist«, bestätigt Fredi das, was jeder sehen kann: eine äußerst attraktive, großgewachsene, schlanke Frau, die weiß, was ihr steht. Und genau diese Frau hockt jetzt zusammengekauert wie ein zwölfjähriges Schulmädchen mit angezogenen Beinen auf ihrem Stuhl und knabbert nervös an den Fingernägeln.

Ich erkenne Sabine nicht wieder. Wer soll mir denn jetzt vorschreiben, welche Entscheidungen ich in meinem Leben zu treffen habe? Das war bisher ihre Aufgabe. Aber jetzt hat sie keine Ahnung, was sie mit ihrem eigenen Leben anfangen soll. Wie kann sie da die Verantwortung für meins übernehmen?

»Dieses Gefühl des Verliebtseins hatte ich total vergessen«, wird Sabine ganz melancholisch. »Das kannte ich gar nicht mehr. Wenn du über zwanzig Jahre mit ein und demselben Mann zusammen bist, verfliegt das. Alltag, Kinder, Betrug, alles Dinge, die Stück für Stück das auffressen, was dich anfangs zusammenbrachte, bis du schließlich vergessen hast, was das eigentlich war. Und dann taucht dieser Herzensbrecher auf und verdreht dir den Kopf.«

Ich erinnere mich nur zu gut an das Bild von Sabines Auftritt im Krankenhaus nach Alfis Herzinfarkt, als sie Magdas Jogginganzug kurzerhand mit einem XXL-Ausschnitt versah und in diesem Aufzug die Intensivstation stürmte.

»Ich weiß einfach nicht, was ich machen soll«, heult sie jetzt los.

Ratlos wechseln Charlie, Fredi und ich Blicke. Das kennen wir nicht. Sabine weint nicht. Nie. Niemals. Eine heulende Sabine Zollner existiert einfach nicht. Bis eben. Charlie findet als Erste die Fassung wieder und tut das, was noch nie einer von uns zuvor gewagt hat: Sie schließt Sabine mütterlich in ihre Arme. Und genau dort lässt sich die Frau, von der wir alle dachten, sie sei aus Stahl, fallen und gibt sich den Gefühlen hin, welche sie jahrelang erfolgreich unterdrückt hat. Ist das der Ayurveda-Effekt? Dass all das ans Tageslicht kommt, was unter größten Anstrengungen im Verborgenen gehalten wurde?

Die Gabi läuft gerade mit ihrem Essen in der Hand an uns vorbei und wirft einen irritierten Blick auf diese Szenerie. Die macht vielleicht was mit uns mit! Also wenn jemand demnächst eine Traumatherapie nötig hat, dann garantiert sie. Vielleicht lasse ich ihr bei unserer Abreise die Nummer von Frau Dr. Baumann da.

Sabine beruhigt sich nach und nach und befreit sich aus Charlies schützender Umarmung. Jetzt oder nie. Ich muss es einfach wissen und nutze diesen einen seltenen schwachen Moment unserer Freundin aus und frage: »Sabine, sag mal, hast du ein Alkoholproblem?« Dann halte ich die Luft an. War das zu viel des Guten? Schreit sie mich an? Oder bricht sie erneut zusammen? Wird sie auf mich losgehen? Oder wieder in der Versenkung verschwinden und unsichtbar werden, so, wie die Tage zuvor?

Sabine setzt sich kerzengerade auf, greift nach ihrem Teeglas, nimmt die Serviette darunter hervor und schnäuzt geräuschvoll in diese hinein. Dann lehnt sie sich wieder zurück, zuckt mit den Schultern, sieht mich an und sagt: »Siehst du? Das ist die nächste Scheiße. Worin soll ich denn jetzt meinen Kummer ersäufen, wenn der Champagner wegfällt?« Ein zaghaftes Lächeln huscht über ihr Gesicht und ich werte das als Eingeständnis.

»Kamal wird das regeln. Der hat genau die richtige Medizin für dich«, versichert ihr Charlie. »Und wir ziehen alle dabei mit und helfen dir. Du bist nicht alleine, Sabine. Hab ich recht?«, sieht sie Fredi und mich auffordernd an. Alkoholabstinenz auf dieser Insel ist keine besonders große Herausforderung, da es keinen Alkohol gibt. Also stimme ich bereitwillig zu und Fredi tut es mir gleich.

»Warst du deshalb so gereizt und hast dich die letzten Tage von uns allen zurückgezogen? Weil dir der Alkohol fehlt?«, bin ich neugierig.

»Nein. Doch. Vielleicht. Keine Ahnung. Meistens habe ich mit Christoph gesprochen.«

»Aber es gibt hier doch kein WLAN ...«, wirft Fredi ein und wird direkt von Sabine unterbrochen.

»Ich bin studierte Anwältin, mein lieber Fredi, wenn auch ohne Abschluss. Unserer lieben Gabi und deren Chef habe ich dermaßen eindrucksvoll mit Paragraphen und Prozess gedroht, dass ich hier jederzeit telefonieren kann, und zwar wann, wo und wie lange ich will, was ich auch getan habe. Danach wollte ich lieber alleine sein, ihr hättet sonst die ganze Zeit gebohrt, was mit mir los sei.« Womit sie absolut richtig liegt.

»Und wie geht es jetzt weiter mit euch?«, will Charlie wissen.

»Was weiß ich? Das ist absolutes Neuland für mich, ich habe keinerlei Erfahrung als Geliebte, nur als betrogene Ehefrau.«

»Dann könntest du seiner Frau ein paar Tipps geben, wie sie mit der Situation umgehen soll«, erlaube ich mir einen Witz.

»Schreib einen Ratgeber«, greift Fredi meine Idee begeistert auf. »Der verkauft sich garantiert! Du kennst jetzt beide Seiten und kannst so richtig aus dem Nähkästchen plaudern. ›The Two Shades of Sabine Zollner‹. Okay, vielleicht solltest du dir ein wohlklingenderes Pseudonym zulegen. Nichts gegen deinen Namen, aber ...«

»Stopp!«, gebietet Sabine ihm Einhalt. »Es reicht fürs Erste. Ihr wisst jetzt Bescheid und das ist gut so. Aber gebt mir ein bisschen Zeit, damit klarzukommen, dass ich die Seiten gewechselt habe und mich zu allem Überfluss auch noch verliebt habe, anstatt mich einfach nur aufs Vögeln zu konzentrieren«, findet Sabine wieder zurück zu ihrer gewohnt rationalen Art. »Und jetzt gehe ich zu diesem vegetarischen Quacksalber namens Doktor Kamal und lasse mir Medikamente verschreiben, die meinen Verstand wieder entnebeln und diese scheißrosarote Brille entfärben. Dann kann ich hoffentlich wieder klar sehen und denken. Aber wehe, der kommt mir noch mal mit einem Schlauch um die Ecke«, ist sie wieder ganz die Alte, steht auf und macht sich ohne ein weiteres Wort auf den Weg zum gegenüberliegenden Health Centre.

Charlie, Fredi und ich bleiben sprachlos zurück.

Das schafft auch nur eine Sabine Zollner, von jetzt auf gleich die emotionale Betriebstemperatur um einhundertachtzig Grad zu wechseln.

Am späten Nachmittag steht bei mir eine weitere Entschlackungsmassage auf dem Programm, diesmal allerdings nur mit Einzelbesetzung. Ob sich mein Fettgewebe dadurch dazu mobilisieren lässt, endgültig zu verschwinden, wird sich zeigen. Im Anschluss an die Massage muss ich wieder mit Mechthild meditieren. Das Schneidersitzen fällt mir beim zweiten Mal schon leichter, weil ich dazugelernt und eine dehnbare Leggings angezogen habe, die so viel Ein- und Ausatmen zulässt, wie die Mechthild verlangt. Was mir aber immer noch schwerfällt, ist das Gedankenabschalten. So sehr ich mich anstrenge, an nichts zu denken, es funktioniert einfach nicht. Da ist viel zu viel los in meinem Kopf. Kein Wunder, bei den Dingen, die um mich herum passieren. Mein Ehemann ist offensichtlich abgetaucht und verspürt keinerlei Bedürfnis, mich zu kontaktieren. Keine einzige Nachricht von ihm. Nichts. Funkstille. Was mache ich denn jetzt? Normalerweise würde ich Sabine um Rat fragen und sie wüsste sofort, was zu tun ist. Aber die hat jetzt eigene Probleme und führt sich auf wie ein hormongesteuerter Teenager. Fredi hat mit seinem Trennungsschmerz zu kämpfen und Charlie muss ihren herzkranken Ehemann verkraften.

Ich soll in mich hineinhören und meiner inneren Stimme vertrauen, sagt die Mechthild gerade. Na gut. Horchen wir mal nach, was die so zu sagen hat, meine innere Stimme.

...

Na toll. Ich bin genauso schlau wie vorher.

Da kommt auch keine Antwort aus meinem tiefsten Inneren. Scheißmeditiererei! Was die anderen wohl gerade denken? Kann ich mir das An-nichts-Denken bei denen ausleihen? Ob das als Geschäftsmodell taugt? Gedankenlosigkeit zu verleihen, also nichts, und dafür Gebühren kassieren? Wie viel man da wohl berechnen kann? Für nichts? Schluss jetzt. Das bringt mich nicht weiter. Ich denke zu viel. Wie soll ich dabei an nichts denken? Ach so, das geht ja nicht.

Oh Gott!

Was macht denn plötzlich dieses Bild vor meinem inneren Auge? Na super! Die Maren vögelt meinen Mann. Sie hockt rittlings auf Mark und hüpft auf ihm herum wie eine wild gewordene Rodeo-Reiterin. Müsste ich da nicht austicken und durchdrehen vor Eifersucht? Jetzt, da ich zu den betrogenen Ehefrauen dieser Welt gehöre? Und was denke ich stattdessen? Nein, nicht nichts, das geht ja nicht. Ich spüre ... Erleichterung. Oh Gott! Ich bin erleichtert darüber, dass ich das nicht mehr machen muss, dieses ganze Rumgeturne und Rumgestöhne. Soll die Maren das ruhig übernehmen, die wird auch noch dahinterkommen, dass unser Mark einer von der faulen Sorte ist und sich gerne bedienen lässt.

Ich bin genau wie die Sabine. Das Gleiche hat sie vor ein paar Jahren auch von sich gegeben, als sie mir ihre Geschichte erzählte, und wie froh sie darüber war, sich neben dem ganzen Alltagskram nicht auch noch um die körperlichen Gelüste ihres Gatten kümmern zu müssen. Stopp! Das ist nur eine Vorstellung. Ob es sich tatsächlich gerade so in Barcelona abspielt, weiß ich nicht. Noch nicht. Aber was hat das zu bedeuten, wenn mich die bildhafte Vorstellung davon völlig kaltlässt? Und welche Konsequenz ergibt sich daraus für die Frage nach einem zweiten Kind?

Nein! Nein! Nein! Nein!

»Pssst!«, dringt eine leise Stimme von weit her an mein Ohr, gefolgt von der sanften Berührung zweier Hände, die ich auf meinen Schultern spüre.

Ich öffne die Augen und erkenne Mechthild, die direkt vor mir hockt. »Hm?«, bin ich verwirrt.

Sie flüstert: »Alles okay mit dir? Du hast eben ziemlich laut ›Nein‹ geschrien. Die anderen sind noch mitten in ihrer Meditation.«

Ich drehe meinen Kopf nach rechts und links und sehe, dass drei der anderen fünf Teilnehmer, inklusive Charlie, ihre Augen noch geschlossen haben, während die beiden anderen verärgert zu mir herüberschielen. Einer davon ist der Nackte, alias der Gebatikte. Den habe ich wohl beim An-nichts-Denken unterbrochen und nun muss er damit wieder von vorne anfangen. Peinlich berührt halte ich meine rechte Hand vor den Mund und nuschle ein »T'schuldigung!«

»Alles gut. Das kommt bei Meditationsanfängern schon mal vor und ist völlig normal«, zwinkert mir die Mechthild zu. »It is all about the flow, Karin«, tätschelt sie mir den Rücken und geht zurück auf ihre Matte, wo sie sich sanft wie eine Feder zurück in den Schneidersitz fallen lässt, um erneut in professioneller Gedankenlosigkeit zu versinken. Was würde ich darum geben, es ihr gleichtun zu können.

Was mache ich denn jetzt? Wie soll es weitergehen?

Ich beschließe, für meine Grundrechte einzustehen, und leihe mir meditativ ein Stück von Sabines Kämpfernatur. Jede sollte telefonieren können wann, wo und wie oft sie es will. Und falls das nicht funktioniert, habe ich auch schon eine Gesetzeslücke in der vorherrschenden Inselpolitik entdeckt. Wozu ein leibliches Kind doch gut sein kann, das rein theoretisch krank werden könnte.

Dreißig Minuten später halte ich mein Handy in der Hand und habe den besten Empfang aller Zeiten - und zwar auf meinem Zimmer. Nachmittag hiesige Ortszeit bedeutet Mittag an der spanischen Mittelmeerküste. Erneut ertönt die automatische Ansage von Marks Mailbox. Ich lege auf und wähle wieder. Und wieder. Und wieder. Und wieder. Dieses Prozedere muss ich ganze fünfzehn Male wiederholen, bevor mein Terror die gewünschte Wirkung erzielt.

»Schön, dass du dich noch daran erinnerst, eine Ehefrau zu haben!«, begrüße ich Mark gereizt, nachdem er endlich zurückgerufen hat.

»Ist etwas passiert?«, ignoriert er meine Spitze.

»Sag du es mir. Ist es das?«

»Ich habe keine Zeit für Spielchen, Karin. Hier passieren gerade echt wichtige Dinge!«

»Ach wirklich? So Dinge wie Fremdvögeln vielleicht? Musst du dich gleich wieder bespringen lassen oder WAS?!?!??«, habe ich erneut das Bild von ihm und der sattelfesten Maren vor Augen. Und da muss man – so rein theoretisch – doch eifersüchtig reagieren. Nicht? Aber es ist nicht die Eifersucht, die mich rasend vor Wut macht, sondern die Tatsache, dass mein Mann mich schlichtweg ignoriert. Er hat kein einziges Mal versucht, mich nach meinem Wutausbruch auf seiner Mailbox zurückzurufen. Wer tut so was? Doch nur jemand, dem du völlig egal bist.

»Sag mal, schnappst du jetzt völlig über? Hast du einen Inselkoller oder was ist los mit dir?«, blafft der mich gerade an.

»Ach, bin ich etwa schuld daran, dass du mit der Maren fremdgehst?«, schreie ich ins Telefon. Zum Glück bekommt die Rezeptions-Gabi das nicht mit. Die Arme.

»Karin: Was ist los?«

»Das müsste ich wohl eher dich fragen!«

»Dann tu es endlich auch, anstatt mich mit Vorwürfen zu bombardieren, die völlig an den Haaren herbeigezogen sind und jeglicher Grundlage entbehren!«

Oh, wie ich das hasse, wenn er in emotional aufgeladenen Situationen sachlich argumentiert und mir damit jegliche Rechtfertigung für meine Ausbrüche entzieht. Ich konfrontiere ihn mit den Informationen meiner Schwester. »Aha. Du vermutest mich also in Barcelona gemeinsam mit der Maren und malst dir aus, wie ich dich mit ihr betrüge.«

Ich bejahe.

»Komisch nur, dass die Maren gar nicht hier ist, sondern mit ihrem Verlobten in Marseille, um ihre Hochzeit zu planen, auf die wir übrigens herzlichst eingeladen sind.«

Das hatte ich so nicht eingeplant. Weder ihren Verlobten noch ihre Hochzeit mit einem anderen, außer vielleicht meinem eigenen Mann. Und jetzt? Hilft mir genau der auf die Sprünge. »Hast du noch andere Frauen im Angebot, mit denen ich dich betrügen könnte? Sofia zum Beispiel, die Assistentin des Geschäftsführers hier vor Ort. Oder wie wäre es mit Claudia, der Marketingchefin des Mannes, der gerade versucht, uns den Deal vor der Nase wegzuschnappen, was übrigens auch der Grund ist, weshalb ich hier und nicht bei unserer Tochter bin!«

Na toll! Jetzt bin also ich die Doofe, obwohl das in meiner Vorstellung genau andersherum so praktikabel war, weil ... ja, warum eigentlich? »Und warum erfahre ich als deine Frau das dann als Letzte?«, lenke ich mich von meinen eigenen Gedanken ab.

»Weil du dich in ein Resort mitten im Indischen Ozean zurückgezogen hast, wo es bewusst und vorsätzlich keine Verbindung zur Außenwelt gibt, worüber du rein vorsichtshalber niemanden aus deiner Familie informiert hast.« Eins zu null für Mark.

»Ich wusste gar nicht, dass die Maren einen Freund hat«, denke ich laut.

»Seit über einem Jahr. Er ist ein ziemlich hohes Tier in ihrem Unternehmen und hat für sie Frau und Kinder verlassen. Kein Wunder, bei dem, was die Maren alles zu bieten hat«, denkt auch mein Mann laut darüber nach, dass ihm wohl ein paar Hierarchieebenen gefehlt haben, um bei seiner heißen Ex-Kollegin zu landen.

Mir fehlt die Energie, die nächste Diskussion vom Zaun zu brechen. Und wirklich aufregen tue ich mich ja auch nicht über die Möglichkeit eines hypothetischen Seitensprungs. Also lasse ich die Waffen fallen und wir wechseln zum Smalltalk und dem, was bleibt, wenn man sich nichts mehr zu sagen hat. Dem Informationsaustausch über den gemeinsamen Nachwuchs, die Nahrungsaufnahme und das Wetter. Belanglosigkeiten im Vergleich zu dem, was zwischen uns steht. Als sich Mark in das nächste Meeting verabschiedet, lege ich erleichtert auf.

Dank des neuen, hervorragenden Empfangs erscheinen die Meldungen der zahlreichen Whatsapp-Nachrichten, die in der Zwischenzeit eingegangen waren. Darunter entdecke ich die verpasste Info von Mark, dass er dringend geschäftlich nach Barcelona müsse und für Lillys Betreuung bestens gesorgt sei, da meine Mutter ja bald bei uns sein werde.

WAS?!?? Hektisch scrolle ich durch den Posteingang, kann dabei aber keinerlei Nachrichten von meiner Mutter finden. Noch mal deswegen bei Mark anzurufen, wäre vertane Liebesmühe, da der mit seinen Gedanken jetzt ganz woanders ist, und Claire hält sich bei allem, was mit unserer Mutter zu tun hat, erfolgreich raus, weshalb sie garantiert die Letzte ist, die Genaueres weiß. Ausgerechnet die Frau, die mir sämtliche Briefe und Anrufe meines verstorbenen Vaters vorenthalten hat, will jetzt bei mir aufkreuzen? Dann habe ich meinen toten Vater wieder auf dem Tisch und muss das ausdiskutieren. Na toll!

Ohne diese ganzen Informationen ging es mir vorher wesentlich besser, also schalte ich mein Handy wieder aus und deponiere es im Safe. Vielleicht doch nicht so blöd, die Idee mit dem Kontaktverbot.

Es klopft an die Tür. Meine Freunde stehen mit Badesachen vor mir und holen mich zum gemeinsamen Chillen am Pool ab. Das ist genau das, was ich jetzt brauche.

Ich könnte heulen – aber diesmal vor Freude.

»An diese alkoholfreien Cocktails könnte ich mich sogar gewöhnen«, kommentiert Sabine das Getränk in ihrer Rechten.

Wir liegen im Schatten am Pool und genießen die Waffenruhe. Seit unserer Ankunft auf der Insel ist das der erste Moment ohne gegenseitige Spitzen und brodelnde Spannung unter der Oberfläche. Wir können endlich schweigen, ohne dabei die Luft anhalten zu müssen. Mein Atem strömt und ich bin ganz im Hier und Jetzt. It is all about the flow, hat die Mechthild gesagt.

»Mark will ein zweites Kind von mir«, traue ich mich daher endlich, meine Sorgen laut auszusprechen. Was für eine Erleichterung! Es ist raus und ich muss nicht länger alleine damit schwanger gehen. Schwanger! Mit einem fetten Ausrufezeichen.

»Willst du das? Ein zweites Kind?«, fragt Charlie.

»Nein«, bin ich ehrlich. »Alles noch mal von vorne? Die schlaflosen Nächte, Windeln wechseln, füttern und, und, und. Lilly ist mit ihren vier Jahren so selbstständig, dass sie alleine aufs Klo kann. Wir haben endlich ein paar Freiheitsgrade zurück und da will Mark noch mal bei null anfangen. Ich versteh nicht, warum?«

»Weil er dann in die Geschäftsführung kann.«

»Wie bitte?«, kann ich nicht glauben, was Fredi da gerade gesagt hat.

»Noch ein Kind und er hat den Status aller Geschäftsführer der Firma: eine Frau, ein Haus, zwei Kinder. Du bekommst dann auch ein Auto, weil der Zweitwagen zum zweiten Kind gehört. Du kennst doch die chauvinistischen Werte unserer Firma. Sein aktueller Konkurrent ist der Müller. Je nachdem, wer als Erster ein zweites Kind nachweisen kann, bekommt den Posten, wenn der alte Schöller in den Ruhestand geht, was in zehn Monaten der Fall sein wird.«

»Warum sollte es beim zweiten Mal anders laufen als beim ersten Kind? Wisst ihr noch, wie Mark unserer Karin ihre ungeplante Schwangerschaft mit Lilly mit einem Heiratsdeal schmackhaft gemacht hat, um an seine Beförderung zu kommen?«

»Sabine, weißt du was? Als emotional aufgelöste und Fingernägel kauende Geliebte hast du mir irgendwie besser gefallen«, stichele ich, ohne es allzu ernst zu meinen. Denn sie hat recht. Genau so war es damals. Nach nur einem Jahr Beziehung mit Mark wurde ich ungeplant schwanger und er hat das für seinen beruflichen Aufstieg genutzt, während ich seitdem karrieretechnisch die Pausetaste gedrückt halte. Er will das Kind nicht etwa, wie er behauptet, weil er mich so wahnsinnig liebt, sondern weil er sich dadurch einen Vorteil gegenüber seinem Konkurrenten verschaffen will. Mal wieder. Vor fast fünf Jahren war es Fredi, jetzt der Müller. Wie viele Kinder ich wohl in die Welt setzen müsste, damit mein Mann Bundeskanzler werden kann?

»Wie kannst ausgerechnet du für ein Unternehmen arbeiten, das so etwas fördert und unterstützt, Fredi?«, empört sich Charlie.

»Tue ich nicht mehr«, verkündet der zu unser aller Überraschung stolz. »Ich habe gestern meine fristlose Kündigung eingereicht.«

Sabine, Charlie und ich setzen uns ruckartig kerzengerade auf und starren Fredi ungläubig an. Selbst Charlie scheint davon nichts gewusst zu haben.

»Wie? Was? Warum?«, fragen wir durcheinander. Bis auf Sabine, die die Information lediglich mit einem »Endlich!« kommentiert.

»Als Alessandro mit mir Schluss gemacht hat, hat mir das die Augen geöffnet. Es ist an der Zeit, zu mir zu stehen. Zu mir, meiner Homosexualität und der Liebe zu diesem wundervollen Mann, den ich um nichts in der Welt verlieren möchte. Sobald wir wieder in München sind, hole ich ihn mir zurück!«, strahlt Fredi. »Aber glaubt mir, ich habe eine Scheißangst! Denn das wird Konsequenzen haben. Meine Familie wird mich enterben und verstoßen, ich bin meinen Job los, ob ich Alessandro zurückerobern kann, steht in den Sternen, und ich habe keine Ahnung, wie es weitergehen soll.«

»Und ausgerechnet jetzt bin ich auf Entzug und wir können deine langersehnte Emanzipation nicht gebührend feiern!«, beschwert sich Sabine und zieht einen Schmollmund.

»Oh, wie zauberhaft!«, nutzt unsere Charlie endlich und seit Langem wieder ihr Lieblingswort. »Aber du wartest damit nicht noch eine weitere Woche, mein Liebster. Du fliegst morgen zurück. Ich lasse deinen Rückflug umbuchen. Keine Widerrede!«, nimmt sie Fredis Einwand vorweg. »Hier geht es um dein Lebensglück. Wir alle warten schon seit Jahren auf diesen Moment, stimmt's Mädels?« Ohne unsere Antwort abzuwarten, erhebt sich Charlie und verschwindet in Richtung Rezeption.

»Und was ist jetzt mit meinem Problem und dem zweiten Kind?«, bin ich beleidigt, dass mir Fredi mit seiner Geschichte die Show gestohlen hat.

»Du kennst die Antwort doch schon längst, Karin«, besänftigt der mich. »Und solltest du dich anders entscheiden, werde ich dich höchstpersönlich von deinem Mann runterholen ... oder unter ihm hervorziehen, je nachdem«, zwinkert er mir zu. Dann erhebt auch er sich und läuft Charlie hinterher.

»Du hättest ihn erst gar nicht heiraten sollen.«

Wie jetzt? Ausgerechnet Sabine, die Frau, die mich damals quasi zwangsverheiratet hat, weil ich und das Kind dann abgesichert seien, erklärt mir jetzt, dass ich das besser mal hätte sein lassen sollen?

»Aber du hast mir damals doch dazu geraten, ihn zu heiraten!? Und als ich vor dem Standesamt nicht aus dem Wagen steigen wollte, weil ich genau gespürt habe, dass es das Falsche ist, warst du diejenige, die mir in den Hintern getreten und mich vor den Altar geschleppt hat«, werde ich jetzt etwas lauter, sodass einige der anderen Gäste neugierig zu uns herüberblicken. Ich rücke auf die freie Liege zwischen uns auf, wo vorher Fredi gelegen hat, und sitze jetzt neben Sabine. Dann zische ich: »Hast du auch nur den Hauch einer Ahnung, was das bedeutet?«

Sabine richtet sich auf und wendet sich mir direkt zu. Dann nimmt sie ihre große Sonnenbrille ab und wir blicken uns direkt in die Augen. »Die Schuld für deine falschen Entscheidungen kannst du mir nicht in die Schuhe schieben, Karin. Mag sein, dass ich dich rein emotional gesehen ungünstig beraten habe, aber den letzten, entscheidenden Schritt bist immer noch du gegangen. Du hättest schließlich nicht auf mich hören müssen.«

»Was?«, werde ich wieder lauter. »Du machst es dir aber auch ganz schön einfach. Oh, hättest ja nicht auf mich hören müssen, nach der ganzen Gehirnwäsche. Und was ist mit deinem Gerede, von wegen: Denk an das Kind, dann bist du abgesichert, das ist die einzige vernünftige Entscheidung, du tust das für das Ungeborene und nicht für dich. Hä? Wer hat mir denn die ganze Zeit in den Ohren gelegen mit dem Thema Absicherung für die Zukunft?«

»Du hast immerhin ein halbes Haus, weil ich dafür gesorgt habe, dass du im Kaufvertrag stehst. Sonst hättest du jetzt gar nichts.«

»Aber warum, Sabine? Warum hast du mir zu etwas geraten, obwohl du es ganz anders siehst? Ich verstehe das nicht.«

»Sah.«

»Was?«, verstehe ich sie schon wieder nicht.

»Ich sah die Dinge anders, damals. Jetzt sehe ich sie differenzierter.«

»Seitdem du den verheirateten Herzchirurgen bumst und nicht mehr klar denken kannst?«

»Sei nicht so gemein, Karin. Aber Menschen entwickeln sich. Ich habe auch geglaubt, mein Dasein und Arrangement mit dem Leben und meinem untreuen Ehemann sei das Richtige. Das hat sich verändert. Ich habe mich verändert. Oder, na ja, bin gerade dabei, mich zu verändern. Das trifft es wohl eher.«

»Und jetzt? Was soll ich denn jetzt machen?«

»Das musst du selbst herausfinden, Karin. Vielleicht ist es an der Zeit, dich zu fragen, was du wirklich willst. Seitdem ich dich kenne, stolperst du durch dein Leben, weil äußere Umstände dich angeblich dazu zwingen. Deine Schwangerschaft, dein Rauswurf bei ›Kleinschmidt & Kleinschmidt‹, dann stolperst du durch Zufall in ›Charlie's Boutique‹ und dadurch in die Freundschaft mit Charlie und mir und in den Job als Verkäuferin, den du nach Lillys

Geburt an den Nagel gehängt hast, weil es angeblich keine passende Betreuung für deine Tochter gab, obwohl deine Schwester und ich direkt nebenan wohnen. An welchem Punkt genau hast du das Ruder übernommen, um dein Leben gezielt in eine andere Richtung zu lenken?« Es entsteht eine kurze Pause. »Siehst du? Und genau das meine ich damit. Was willst du eigentlich, Karin? Weißt du das überhaupt?«

Was ich will? Weiß ich das? Eigentlich wollte ich sauer auf Sabine sein, weil sie mir mein Leben versaut hat. Aber das geht jetzt nicht mehr. Weil all das, was sie da sagt, vernünftig und richtig klingt.

Aber das gefällt mir nicht. Daher entgegne ich: »Mit Alkohol im Blut fand ich dich besser. Da hast du dich ungefragt in alles eingemischt und mir gesagt, was ich zu tun habe.«

»Komm her«, breitet Sabine versöhnlich lächelnd ihre Arme aus und ich nehme das kuschelige Friedensangebot an.

Eine Weile sitzen wir eng umschlungen da und ich lasse das Gesagte sacken.

Eigenverantwortung. Entscheidungen treffen. Herausfinden, was ich wirklich will. Puh! Das klingt nach ganz schön viel Arbeit. Zum Glück habe ich noch sechs weitere Tage Zeit, mir das alles durch den Kopf gehen zu lassen, bevor mein Alltag zu Hause damit droht, mich in alte Gewohnheiten zurückfallen zu lassen.

Kapitel 8

»Und bei dir? Gibt es schon was Neues?«, drängelt Charlie, während ich meine Nachrichten am Handy checke.

»Ich habe nichts bekommen. Ihr?«, fragt Sabine.

»Nichts!«, verzweifelt Charlie. »Seit Tagen!«

»So etwas braucht seine Zeit«, beruhige ich sie. Ohne Erfolg.

Charlie winselt weiter: »Ich werde noch wahnsinnig! Woher sollen wir denn jetzt wissen, wie es weitergeht?«

»Spätestens in zwei Tagen, wenn wir wieder zu Hause sind, kannst du bei ihm Sturm klingeln oder seine Wohnung stürmen lassen«, redet Sabine beruhigend auf sie ein. »Sofern er noch dort lebt und die Miete bezahlen kann. Ich schätze, seine Eltern werden ihm mit sofortiger Wirkung den Geldhahn abgedreht haben. Und ohne Job hat er keinerlei Einnahmen und wegen seiner Kündigung ist er beim Arbeitsamt vorerst gesperrt. Dumm gelaufen.«

Damit hat sich die kurzfristig beruhigende Wirkung ihrer vorangegangenen Worte auf die hysterische Charlie direkt wieder in Luft aufgelöst. Die Arme ist kurz davor durchzudrehen, weil wir seit Fredis überstürzter Abreise vor vier Tagen nichts mehr von ihm gehört haben. Uns ist weder bekannt, ob er Alessandro zurückerobern konnte, noch, ob er sich tatsächlich gegenüber seiner Familie geoutet hat. Das Einzige, was wir mit Sicherheit wissen, ist, dass Fredi definitiv arbeitslos ist. Stolz wie ein Kleinkind, das seinen Eltern die ersten freihändigen wackeligen Schritte präsentiert, hat er uns die E-Mail vorgelesen, mir der er sein Karriere-Aus in der Baufirma endgültig besiegelt hat. In ihr verweist Fredi auf diverse Fälle vorsätzlicher Diskriminierung innerhalb des Unternehmens, nennt konkrete Beispiele und kündigt an, das alles anwaltlich prüfen zu lassen. Auf Charlies großzügiges Angebot, ihn bei sich und Alfi aufzunehmen, will er nur im äußersten Notfall zurückgreifen. Ob dieser bereits eingetreten ist, entzieht sich aber bisher unserer Kenntnis. Also heißt es für uns weiterhin abwarten und ayurvedische Reisbrühe trinken.

An den Speiseplan habe ich mich mittlerweile gewöhnt und mein Körper zollt dem endlich die langersehnte Anerkennung. Meine Shorts sitzen um einiges lockerer und meinem Bauchspeck geht es dank Zucker- und Alkoholentzug an den Kragen. Nur das mit dem Meditieren ist so eine Sache. Das An-nichts-Denken funktioniert bei mir einfach nicht. Da liegt wohl ein Fehler in meinem Betriebssystem vor. Der Ausknopf für das Gedankenkarussell fehlt.

»Wir müssen zur Meditation!«, drängelt Charlie.

»Viel Spaß!«, verabschiedet sich Sabine, die bisher an keiner einzigen der schweigsamen Schneidersitzrunden teilgenommen hat. Sie telefoniert in der Zeit lieber mit ihrem

Herzchirurgen. Das habe auch einen meditativen Effekt, versichert sie uns die reinigende Wirkung von Telefonsex.

Widerwillig erhebe ich mich von dem bequemen Loungesofa und dackele Charlie zum Meditationssteg hinterher. Wer weiß, vielleicht habe ich ja Glück und der bricht heute aus Solidarität mir gegenüber ein?

Fehlanzeige. Keine fünf Minuten später hocke ich wieder unter dem Baldachin im Schneidersitz, schwöre mir innerlich, nach meinem Aufenthalt hier nie wieder in meinem Leben diese Sitzposition einzunehmen und mir dafür eine Schneidersitz-Warn-App zu installieren.

Die Mechthild legt direkt los und verdonnert uns und unsere Gedanken zum Schweigen. Ihre Stimme klingt dabei wie immer völlig stoned. Was würde ich jetzt für einen Zug geben.

Noch zweimal schlafen und ich fliege wieder nach Hause. Was wird mich dort erwarten? Hat sich etwas verändert? Habe ich mich verändert? Und weiß ich endlich, was ich will?

Eins weiß ich mit Sicherheit: dass ich kein zweites Kind haben werde. Und das wird eine Riesendiskussion, denn ich muss es Mark sagen. Mein Vorschlag, bis zur Menopause heimlich die Pille zu schlucken, stieß bei Charlie und Sabine auf Empörung. Ich solle endlich erwachsen werden und für mich und meine Wünsche einstehen. So wie Fredi das gerade tut. Wenn ich nur wüsste, was meine Wünsche sind?

Gong. Das blecherne Geräusch befördert mich wieder in das Hier und Jetzt. Die Mechthild fordert zum lauten Ein- und Ausatmen auf und verabschiedet uns in den Abend. Ich erhebe mich und warte auf Charlie, aber die macht keinerlei Anstalten aufzustehen.

»Kommst du?«, fordere ich sie auf.

»Ich bleibe noch ein wenig. Ich bin gerade so voll im Flow mit mir selbst und möchte das noch ein wenig erhalten«, lautet ihre Antwort.

Aha. Charlie ist ein Meditationswunder. Keiner von uns hätte es für möglich gehalten, dass ausgerechnet sie in die totale Gedankenlosigkeit abdriften kann. Sie macht freiwillig Schneidersitzüberstunden und zieht sich bewusst von uns zurück. Auch äußerlich hat sie sich verändert. Seit dem zweiten Tag fehlen jegliche Spuren von Make-up auf ihrem Gesicht. Ihre sonst stets perfekt gestylten Haare lässt sie an der Luft trocknen und bindet sie maximal zu einem lockeren Dutt im Nacken zusammen, aus dem sich hier und da gelegentlich ein paar Strähnchen lösen. An ihr ist fast nichts Künstliches mehr. Na ja, bis auf den Silikonbusen und die Botoxreste in ihren Lippen. Aber selbst die können nicht das überstrahlen, was sich Stück für Stück aus Charlie herausarbeitet und jeden Tag offensichtlicher zu Tage tritt: Natürlichkeit. Das fällt selbst der viel beschäftigten, telefonsexsüchtigen Sabine auf. »Sieht irgendwie anders aus«, gab sie beiläufig zurück, als ich neulich die optische Veränderung unserer Freundin ansprach.

Aber jetzt muss ich wohl alleine zum Abendessen. Charlie befindet sich im Sitzstreik und Sabine irgendwo auf einer orgiastischen Wolke sieben. Ich schlurfe unter der Abendsonne über den Steg ins Restaurant, wo ich mir am Buffet eine Schüssel mit Linsencurry nehme. Selbst an die lauwarmen Getränke bei über dreißig Grad Außentemperatur hat sich mein Körper gewöhnt und ich fülle mir ein großes Glas Ingwertee mit Chili und Kurkuma.

Ich habe mich kaum an meinem Platz niedergelassen und will gerade mit dem Essen beginnen, da hockt sich der Gebatikte, alias der Nackte mit den Worten: »Darf ich?«, einfach an meinen Tisch.

Geht's noch?

»Haben wohl alle gerade mächtig Hunger«, grinst er mich an.

Ich schaue mich kurz um. Alle Tische sind besetzt. Nur an meinem war noch Platz. Vielen Dank auch, Charlie und Sabine! Wäret ihr jetzt hier, müsste ich nicht mit dem Kleidchenträger gemeinsam zu Abend essen. Heute ist es ein blasslila Kaftan. Als Mann! Wie der wohl in Zivil zu Hause rumläuft?

»Ich bin übrigens der Andreas«, stellt er sich vor.

Der will also Konversation. »Karin«, bleibe ich betont einsilbig. Vielleicht hilft es ja.

»Und, Karin? Was nimmst du für dich mit von der Insel und dem Ayurveda?«, macht der Andreas meine Hoffnung auf ein schweigsames Essen zunichte.

»Also, ich hoffe eher, dass ich was dalasse. Ein paar Kilos«, scherze ich.

»Und so rein spirituell?«, lässt der nicht locker.

Warum muss ich bei dem Wort ›spirituell‹ direkt an Spirituosen denken? »Ich hab es nicht so mit der Kirche und der Religion«, gestehe ich.

»Aber Spiritualität hat doch nichts mit Kirche oder Religion zu tun«, predigt der Andreas.

»Nicht?«, bin ich offensichtlich völlig ahnungslos. »Für mich war das bisher ein und dasselbe.«

»Aber nein. Spiritualität ist viel mehr, als dir eine Institution bieten kann. Sie hat etwas mit dir und deinem persönlichen geistigen Wachstum zu tun. Und das, meine liebe Karin, ist grenzenlos. Verstehst du?«

»Nicht ganz«, gebe ich zu. »Darüber habe ich mir noch nie wirklich Gedanken gemacht.«

»Es geht um deine ganz persönliche innere Haltung zum Leben und wie du diese in deiner momentanen Existenz verwirklichst.«

Alter, ich versteh nur Bahnhof. Das erkennt offensichtlich auch der Andreas an meinem Blick und meint: »Lass es mich dir an meinem Beispiel erklären.«

Und dann lerne ich ihn kennen, den Andreas. Seinen Weg zum Ayurveda fand er über die Karriereleiter. Die hat ihn an die Spitze der Unternehmensführung eines äußerst bekannten Mobilfunkkonzerns katapultiert, wo er als Vorstandsvorsitzender die Wirtschaftswelt regierte. Sein Leben war der Stoff, aus dem einst meine Träume gemacht waren. Erfolg, Reichtum, Jetset, auf Du und Du mit der gesamten Politprominenz und je mehr er mir davon berichtet, desto sicherer bin ich mir, ihn in dem ein oder anderen Klatschblatt gesehen zu haben – nur halt ohne Kaftan, dafür aber mit Anzug. Der war überall dabei. Pressebälle, Opernbälle, Fußballweltmeisterschaften, Filmpremieren und Talkshowrunden standen bei ihm auf der Tagesordnung wie für andere der Wocheneinkauf. Das alles neben einer Hundertzwanzigstundenwoche als Topmanager, dem lebenslangen Versprechen als treusorgender Ehemann und Erzeuger dreier Kinder, deren Entwicklung er ausschließlich digital miterlebte. Die Warnungen aus seinem privaten Umfeld ignorierte er so lange, bis sein Körper ihn letztendlich zwang, sie ernst zu nehmen. Die Anzeichen seines bevorstehenden Schlaganfalls hatte er als Ermüdungserscheinungen abgetan und sich entgegen aller guten Ratschläge ins Auto gesetzt, um die neunzig Kilometer vom Großkonzern nach Hause zu fahren. Wenigstens einmal in dieser Woche wollte er seine Frau persönlich sehen. Doch das musste warten. Als Andreas das Bewusstsein und die Kontrolle über sein Auto verlor, waren zum Glück keine weiteren Verkehrsteilnehmer in der Nähe. Er nennt es einen Wink des Universums, denn alles andere hätte er nicht verkraftet. Wenn seine Unachtsamkeit ihm selbst gegenüber zum Schaden anderer geführt hätte, dann wäre er jetzt nicht mehr auf diesem Planeten, versichert er mir. Die Reha hat ihn dazu gezwungen, sein bisheriges Leben komplett zu überdenken. Zeit dazu hatte er genug in den sechs Monaten. Es war zwar nur ein leichter Schlaganfall gewesen, aber die Begegnung mit dem Tod durch seinen Autounfall hatte ihn zum Nachdenken angeregt und in ihm reifte die Erkenntnis, dass sein Sinn des Lebens sich verändern müsse. Diese Wandlung fand seine Frau so inspirierend, dass sie die Scheidung einreichte. Ihre Werte hatten sich durch diesen kleinen Zwischenfall, wie sie es nannte, nicht verändert. Seine schon. Andreas begann, sich in allem zu reduzieren. Er nahm ab, zahlte seine Frau aus, zog in eine kleine Wohnung, die nur so viel Platz bot, wie er tatsächlich brauchte, stieg vom Porsche aufs Fahrrad um, vermachte seine Markenklamottensammlung der Wohlfahrt und nahm sich eine zweijährige Auszeit. Dabei entdeckte er die wohltuende Wirkung von Ayurveda und trainierte seine Meditationskünste so weit, dass er mittlerweile in fast tranceartige Zustände verfallen kann – sofern er nicht von außen unterbrochen wird. Bei der Bemerkung grinst er mich spitzbübisch an und ich weiß, worauf er anspielt und dass er mir hiermit verziehen hat. Seit einem Jahr hilft er anderen Menschen dabei, ihren Sinn des Lebens und den Zugang zur Spiritualität zu entdecken. Er selbst zieht sich dafür zweimal im Jahr hierher auf die Insel zurück, um in seiner persönlichen Mitte zu bleiben.

Als Andreas mit seinen Ausführungen abschließt, fehlt mir der Gong von der Mechthild, um mich wieder in das

Hier und Jetzt zurückzuholen. Ich bin total geflasht. Es ist mir auch völlig egal, dass der Andreas mich im Dampfbad eventuell nackt gesehen haben könnte, hat er doch eben hier gerade seine Seele vor mir entblößt und – oh Wunder – es ist ganz und gar nichts Beschämendes daran. Den Kaftan trägt er übrigens nur hier auf der Insel und zur Meditation, weil das so wahnsinnig befreiend sei. Zugegeben, das erleichtert mich. Die Nachfrage, ob er denn was darunter trägt, kann ich mir gerade noch so verkneifen.

»Und was hat dich hierhergeführt, Karin?«, fragt er mich.

Und genau hier und jetzt geschieht das für mich bis dahin Undenkbare: Ich erzähle dem gebatikten Andreas alles. Von Anfang an. Von der Begegnung mit Mark über meine ungeplante Schwangerschaft, die Novemberhochzeit kurz vor Steuerschluss, den Umzug in die Vorstadt, Lillys Geburt, mein unbefriedigendes Hausfrauendasein bis hin zu Marks Forderung nach einem weiteren Kind. Alfis Herzinfarkt findet auch noch ein Plätzchen in meiner Erzählung, da der immerhin der Anlass für diese Reise war. Sabine und den Herzensbrecher baue ich ebenfalls ein sowie Fredi mit seiner hollywoodreifen, vorgezogenen Abreise nach München, um dort die Liebe seines Lebens zurückzuerobern.

Als ich mit meinen Erzählungen abgeschlossen habe, nippt Andreas bedächtig an seinem Tee und lässt eine für mich unnatürlich lange, unangenehme Pause entstehen. Ich weiß gerade nicht, ob er auf weitere Ausführungen wartet, zwischendurch aus Langeweile abgeschaltet hat oder in die nächste Meditation abgedriftet ist. Und jetzt? Soll ich einfach aufstehen und gehen? Ihn anschubsen? Beschimpfen?

Dann endlich ergreift er das Wort. »Alle um dich herum treffen ihre Entscheidungen. Sie kämpfen für etwas oder lassen sich auf etwas ein. Was ist es bei dir, Karin? Wofür willst du dich entscheiden?«

»Habe ich denn eine Wahl?«

»Die haben wir immer. Die Konsequenzen unserer Entscheidungen, die müssen wir schließlich auch alleine tragen. Aber die sind es immer wert, weil es doch letztendlich unsere eigenen Entscheidungen waren, die diese heraufbeschworen haben. Das nennt sich dann Eigenverantwortung«, zwinkert mir Andreas zu.

»Das hat Sabine auch gesagt.«

»Sehr kluge Frau, diese Sabine!«

»Aber sie war bei keiner einzigen Meditation!«, rege ich mich darüber auf, dass Sabine trotz ihrer Dauerschwänzerei schlauer sein soll als ich.

»Auch ihre Entscheidung«, unterstreicht Andreas seine Bemerkung zusätzlich.

»Dann hätte ich das ja auch sein lassen können, mit der Meditiererei.«

»Dann säßen wir beide jetzt nicht hier gemeinsam seit zwei Stunden und würden einander zuhören«, lächelt mich Andreas mit einem Ausdruck in seinen Augen an, den ich nicht so recht deuten kann. Da ist doch ein Funkeln. Oder etwa nicht? Schwer zu sagen, da ich meist mehr auf seinen Kaftan, als sein Gesicht fokussiert war. Aber jetzt ...

Zwei Stunden? So lange sitzen wir schon hier, der Gebatikte mit den funkelnden Augen und ich? Ist das möglich? Ich blicke mich kurz nach links und rechts um und stelle fest, dass wir die Einzigen sind, die noch im Restaurantbereich sitzen. Das Abendessen ist längst vorbei, das Linsenbuffet abgeräumt, die Nacht über die Insel hereingebrochen und die Beleuchtung intim herabgedimmt. Auf unserem Tisch flackern drei Windlichter und eine Karaffe Ingwer-Zitronen-Wasser ersetzt die Flasche Wein, die jetzt wunderbar in dieses romantisch anmutende Ambiente passen würde. Es kommt mir so vor, als hätte Andreas sich gerade erst zu mir gesetzt.

»Was übrigens auch deine Entscheidung war«, bemerkt der.

»Wie jetzt?«, verstehe ich ihn nicht.

»Dass du sitzen geblieben bist. Du hättest jederzeit aufstehen und gehen können. Aber du bist geblieben. Du hast dich dafür entschieden zu bleiben, Karin.«

Habe ich das? Ich wollte in Ruhe essen und er kam ungebeten dazu. So einfach ist das. Dachte ich jedenfalls. Bis eben. Denn genau jetzt, in diesem Moment, hier am Tisch mit einem mir bis vor kurzem völlig fremden Mann im blasslila Kleidchen, beginne ich zu begreifen, was auch schon Sabine versucht hat, mir zu erklären. Dass ich kein Opfer meiner äußeren Umstände bin. Dass ich es zu jeder

Zeit selbst in der Hand habe, darüber zu entscheiden, wie ich mit den Dingen umgehen will, die um mich herum passieren. Völlig egal, ob es sich dabei um Menschen handelt, die auf mich einreden, oder Ereignisse, die hereinbrechen. Menschen treffen Aussagen, stellen Forderungen oder geben ungefragt ihren Senf zu allem dazu. Und Dinge passieren. Aber letztendlich bin ich die entscheidende Instanz. Ich entscheide darüber, ob und was das alles mit mir anstellt – oder auch nicht. Eigenverantwortung. Plötzlich fällt die Schwere dieses Begriffes von meinen Schultern und löst sich auf in ein Gefühl von ... was ist das, was sich da gerade in mir ausbreitet und Platz verschafft? Ich suche nach dem passenden Begriff, während Andreas und ich nebeneinandersitzen und wie selbstverständlich gemeinsam schweigen. Er lässt mir Raum für meine Gedanken. Meine Suche nach etwas, das ich nicht kenne. Einem Gefühl, das mich beflügelt und mir gleichzeitig eine Riesenangst einjagt. Warum? Weil ich es nicht kenne, aber spüre, dass sich alles verändern kann. Und auch wird. Wenn ich es will. Weil ich es kann.

Und dann ist er auf einmal da, der Begriff, nach dem ich gesucht habe.

Macht.

Menschen und Ereignisse kann ich nicht beeinflussen, aber ich habe die Macht darüber zu entscheiden, auf welche Art und Weise sie mich beeinflussen. Das ist ganz allein meine Entscheidung.

Und daher entscheide ich mich genau hier und jetzt dafür, den Rest der Nacht mit Andreas zu verbringen.

Über die Konsequenzen kann ich mir morgen früh Gedanken machen.

Kapitel 9

Es ist anders, als ich es mir vorgestellt habe. Von ihm berührt zu werden, fühlt sich natürlich und gleichzeitig auch völlig fremd an. Ist es die Sehnsucht? Der Wunsch nach so langer Zeit, endlich wieder zärtlich in die Arme geschlossen zu werden? Das unstillbare menschliche Verlangen nach Nähe?

Als er mich loslässt, weiß ich, wonach es sich anfühlt: Abschied. Aber das weiß er in dem Moment nicht, denn Mark macht lediglich den Weg frei für Lilly, die mir auf den Arm springt und sich so fest an mich klammert, als wolle sie mich auswringen. Für unsere Ankunft am heutigen Sonntag hat mein Mann sogar unsere Tochter mitgebracht, obwohl er die Autofahrten alleine mit ihr schrecklich anstrengend findet. Charlie ist von Dubai aus in den Flieger nach Zürich gestiegen, da sie Alfi dort aus der Reha abholen und noch ein paar Tage mit ihm in einem privaten Chalet verbringen möchte. Erstaunlicherweise steht auch Frank Zollner mit Champagnerflasche und XL-Rosenstrauß im Ankunftsbereich parat. Damit hat keiner von uns gerechnet, zumal wir Sabine in die Vorstadt hätten mitnehmen und somit zur CO_2-Reduktion hätten beitragen können. Die blickt jetzt völlig überrascht zu mir herüber und zuckt mit den Schultern, als ihr Mann sie gerade in die Arme schließt und küsst. So richtig mit Zunge und allem, was zu einer ordentlichen Knutscherei dazugehört. Das habe ich bei den beiden noch nie gesehen! Das sieht total komisch aus und passt ganz und gar nicht in mein Bild des Ehepaars Zollner. Aber das ist nicht meine Baustelle. Ich habe meine eigene. Und seit dem vorletzten Abend auf der Insel im Paradies noch ein ganz anderes Problem obendrein. Aber eins nach dem anderen.

Zu Hause angekommen, dient mir Lilly als Ausrede dafür, keine Zeit für Konversation oder Babymachsex zu haben. Sie vereinnahmt mich zu hundert Prozent und berichtet von ihren Zoobesuchen mit Claire, dem Mittagessen bei ihrer Regensburger Oma, das in ihrer Nase ganz ekelhaft nach Käsefüßen gestunken hat, und dem allersten Kinobesuch ihres Lebens, den Mark ihr mit Popcorn und Apfelsaft versüßt hat. Offensichtlich hatte mein Kind jede Menge Spaß ohne mich, und, wie meine Schwester mir bereits telefonisch versicherte, keinerlei Zeit, mich zu vermissen. Als Lilly am Abend erschöpft in meinem Arm einschläft, bleibe ich neben ihr liegen und schließe die Augen. Eine Nacht noch. Eine letzte Nacht vor dem großen Sturm.

Am nächsten Morgen ist fast alles wieder beim Alten. In den zehn Tagen meiner Abwesenheit hat sich nichts verändert. Außer mir.

Mark verabschiedet sich wie immer geschäftig in seine neue Arbeitswoche. Lilly motzt an ihrem Frühstück herum und will nichts aus ihrem Kleiderschrank anziehen, weil die Anziehsachen alle doof seien. Sie droht, ihr Kinderzimmer für den Rest des Tages zu besetzen und dort so lange nicht herauszukommen, bis ich ihr ein Kleid in ihrer neuen Lieblingsfarbe Türkis besorgt habe. Ich erpresse sie damit, dass sie den Rest des Jahres auf keinen einzigen Kindergeburtstag mehr gehen darf, wenn sie sich nicht sofort für den Kindergarten fertig macht.

Pünktlich um neun Uhr übergebe ich Lilly an ihre Erzieherin. Eine Minute später und die Tür hätte sich nicht mehr geöffnet. Der Kindergarten nimmt es mit der Einhaltung der Bring- und Abholzeiten sehr genau.

Auf dem Heimweg vom Kindergarten rufe ich sofort Fredi an. Mailbox. Wir haben immer noch nichts von ihm gehört und ich beginne, mir langsam Sorgen zu machen. Bei Sabine anzuklingeln, traue ich mich nicht. Weder telefonisch noch an der Haustüre. Franks Auto parkt in der Einfahrt, was bedeutet, dass er zu Hause und somit bei ihr ist. Da kann und will ich nicht stören. Außerdem bin ich es nicht gewohnt, Frank in seinem eigenen Haus zu begegnen. Er war immer weg. Und jetzt ist er plötzlich da zu einer Zeit, wenn alle anderen arbeiten. Warum? Was geht da vor sich?

Heute ist Montag, unser Giovanni-Abend. Findet der jetzt überhaupt statt, bei all den Umwälzungen in unseren

Leben? Während ich überlege, erhalte ich eine Nachricht. Von meiner Mutter. Sie schickt mir eine Uhrzeit. Mehr nicht. Was soll das? Das letzte Mal, als sie das getan hat, stand sie drei Stunden später als spontaner Überraschungsbesuch vor mir und hat mir damit einen Nervenzusammenbruch beschert. Nein! Nicht schon wieder. Oder? Echt jetzt? Hatte Mark das nicht erwähnt, dass bald meine Mutter bei uns sein würde? Warum habe ich das verdrängt?

Ich rufe sie an und erfahre, dass sie morgen nach München kommt. Ob ich sie vom Bahnhof abholen könne. Das kann ich nicht, weil ich kein Auto habe. Würde ich mir ein zweites Kind verpassen lassen, hätte ich eins. Will ich aber nicht. Das Auto schon. Aber das Kind dazu nicht. Das sage ich ihr natürlich nicht, sondern fordere sie auf, sich ein Taxi zu nehmen, gratuliere mir selbst zu meiner Durchsetzungskraft dank des neu gewonnenen Machtgefühls über mein Leben und meine Entscheidungen und erledige ein paar Einkäufe auf dem Weg nach Hause, die sich bequem zu Fuß tragen lassen. Wäre ich gestern Abend mal besser wach geblieben, dann wüsste ich, warum sie bei uns aufkreuzt. Aber dann hätte ich Mark alles erzählen müssen.

Nachdem ich die Einkäufe zu Hause im Kühlschrank verstaut habe, klingele ich bei Claire, um den Grund für den Besuch unserer Mutter zu erfahren. Aber die weiß auch nichts. Und es ist ihr auch egal. Alles sei ihr aktuell egal, sagt sie mir mit einem eigenartigen Grinsen im Gesicht. Claire hält mir eine Schachtel Donuts hin. Das Zuckerzeug lehne ich dankend ab, da ich die verlorenen Pfunde sonst direkt wieder drauf hätte. Claire dagegen hat in der kurzen Zeit noch mal ordentlich zugelegt, wie ich finde. Ihre Wangen sind voller als sonst und auch der Busen quillt unnatürlich prall aus ihrem V-Ausschnitt hervor. Und dann platzt die Neuigkeit aus ihr heraus: »Ich bin schwanger, Karin!«

»Oh Gott!«, bin ich schockiert.

»Ist das nicht irre? Wir haben kaum angefangen, über ein drittes Kind nachzudenken, und zack, hat es auch schon geklappt.«

»Das war Absicht?«, bin ich entsetzt.

»Aber natürlich. Wie es funktioniert, wissen wir ja, ha, ha.« Ha, ha. »Jetzt müsst ihr euch aber ranhalten, damit wir Schwestern das gemeinsam durchmachen können.«

»Was denn durchmachen?«

»Na unsere Schwangerschaften, du Dummerchen. Ihr wollt doch auch ein weiteres Kind.«

Fassungslos starre ich meine dicke Schwester an, die genussvoll in einen Donut mit pinkfarbener Glasur beißt. »Aber woher ...«

»Mark hat das am Samstagabend vor deiner Rückkehr erzählt, als wir mit den Nachbarn angegrillt haben. Es war doch so ungewöhnlich mild für die Jahreszeit, da haben wir spontan das gute Wetter genutzt. Ach, einer seiner Chefs war auch dabei mit seiner Frau und den zwei Kindern. Sehr nett. Die würden auch gut hierher passen. Falls du einen

Schwangerschaftstest brauchst, ich habe noch ein Dutzend übrig, du musst also keine kaufen. Und wenn ihr in nächster Zeit mehr Privatsphäre braucht, um den kleinen Nachfolger zu zeugen, kannst du Lilly selbstverständlich jederzeit zu mir ...«

»STOPP! Hör auf!«, schreie ich Claire an und halte mir dabei selbst die Ohren zu. Kein Wort kann ich mehr ertragen von dem, was da aus ihr heraussprudelt. »Ich will das nicht!«, füge ich unter Tränen hinzu.

»Das zweite Kind?«

»Alles. Das alles hier«, fuchtele ich mit den Armen herum. »Dieses ganze Leben, das Haus, die Vorstadt, die Familienfeiern, Grillfeste, den ganzen Kindergartenscheiß, Elternabende, dieses Hausfrauendasein. Ich ertrage das alles nicht mehr, Claire.« Ich sacke auf dem Barhocker am Küchenblock zusammen und vergrabe mein Gesicht in den Händen. Claire hat Gott sei Dank aufgehört zu reden. Ich spüre ihre Handflächen in sanften, kreisenden Bewegungen auf meinem Rücken.

Nach einer Weile hört sie mit dem Streicheln auf und sagt: »Dann wird es höchste Zeit, dass du mit deinem Mann Tacheles redest, Karin. Er läuft durch die Gegend und erzählt von einem Leben, in dem deine Wünsche offensichtlich überhaupt nicht vorkommen.« Claire reicht mir ein Stück Küchenrolle, in das ich geräuschvoll hineinschnäuze. »Aus seinem Mund klang es so, als wäret ihr euch einig über euer gemeinsames Lebenskonzept.«

»Das ist ganz allein SEIN Konzept, das er für seine Beförderung zum Geschäftsführer braucht. Vor fünf Jahren war es Lilly, jetzt soll ihm das zweite Kind auf der Karriereleiter nach oben helfen«, bin ich angewidert von den Ambitionen meines Ehemannes.

»Und was willst du, Karin?«, stellt nun auch meine Schwester die Frage aller Fragen, auf die ich selbst keine Antwort weiß. Dann fährt sie fort: »Es ist immer so leicht zu sagen, was man alles nicht will. Aber die Dinge konkret zu benennen, die man wirklich will und für die man auch bereit ist, Opfer zu bringen, damit tun sich viele schwer.«

»Weißt du denn, was du willst?«, bin ich neugierig.

»Aber natürlich. Genau das hier. Mein Leben, so wie es ist. Ich habe mich für die Ehe, das Reihenhaus in der Vorstadt, die zwei Kinder und jetzt für das dritte entschieden. Ganz bewusst. Weil mich das absolut glücklich macht und erfüllt. Ich will nichts anderes«, strahlt mich Claire an.

»Aber du wolltest doch ursprünglich etwas ganz anderes. Du hast mir doch alles über deine einstigen Träume erzählt, damals bei der Beerdigung unseres Vaters. Was ist daraus geworden? Zählen die gar nicht mehr?«

»Die Dinge verändern sich, Karin. Und Menschen verändern sich. Und die Dinge verändern die Menschen, manche mehr, manche weniger. Ich habe mich durch meine Kinder verändert. Nicht nur körperlich«, lacht Claire bei diesen Worten und zeichnet ihre runde Silhouette mit beiden Händen in die Luft. »Seitdem ich sie habe, weiß ich, dass sie alles sind, was ich brauche, um glücklich zu sein. Sie sind mein Leben und ich will mehr davon«, strahlt sie und tätschelt ihren schwangeren Bauch.

»Dann bist du mir nicht böse«, frage ich zaghaft nach, »weil ich kein zweites Kind will?«

Claire wirft den Kopf in ihren (speckigen) Nacken und lacht: »Aber Karin, niemand darf dir deswegen böse sein. Es ist dein Körper und somit deine Entscheidung. Mark solltest du dennoch darüber informieren, bevor der noch mehr Bullshit verbreitet.« Recht hat sie.

Ich atme erleichtert aus und schniefe noch ein Stück Küchenpapier voll. Claire macht sich daran, uns einen Kaffee zuzubereiten, und ich berichte ihr von meinen Erlebnissen aus dem Paradies. Ich lasse nichts aus. Auch nicht Andreas und sein Angebot. Ich muss es jemandem erzählen und da alle meine Freunde momentan mit ihrem eigenen Leben beschäftigt sind, vertraue ich mich meiner Schwester an.

»Wow!«, reißt die ihre Augen auf, nachdem ich sie über die Hintergründe aufgeklärt habe. »Das muss ja ein toller Mann sein! Sehr beeindruckend.«

»Wie bitte? Ich war total schockiert.«

»Schockiert? Ach was, nein. Das hat was aus diesem Film mit Robert Redford und, wie heißt die doch gleich? Die, die mit dem Geist ihres toten Mannes töpfert, in dem anderen Film?«

»Du meinst Demi Moore in ›Ghost – Nachricht von Sam‹?«

»Ja, genau die. Oh, ich liebe diesen Film!«

»›Ghost‹?«

»Nein, den anderen. Den, in dem Demi Moore eine Nacht mit Robert Redford verbringt und sie und ihr Mann dafür eine Million Dollar kassieren. ›Ein unmoralisches Angebot‹, so heißt der Film. Daran erinnert mich deine Geschichte mit Andreas.«

»Also, erstens gibt es keine Geschichte mit Andreas ...«

»Noch nicht!«

»... und zweitens hat er mir kein Geld geboten. Das wäre Prostitution!«

»Ach, sei nicht so spießig, Karin. Nenn es ein Tauschgeschäft. Er bietet dir spirituellen Austausch und den körperlichen gleich dazu. Das sind zwei Fliegen mit einer Klappe.«

»Schockiert dich das denn kein bisschen? Dass mir ein völlig fremder Mann eine Affäre anbietet?«

»Moment! Laut deiner Schilderung gilt der Deal erst, wenn du zu Hause reinen Tisch gemacht hast. Das ist ein Unterschied. Dann ist es keine Affäre, sondern ein Arrangement unter zwei gleichberechtigten Erwachsenen auf Augenhöhe. Und außerdem: Du kennst ihn doch. Ihr habt euch immerhin die ganze Nacht lang unterhalten. Das ist mehr, als manch anderes Ehepaar in einem Jahr miteinander redet.«

Oh, ich hasse es, wenn sie so altklug daherkommt.

Der vorletzte Abend mit Andreas auf der Insel hatte es in sich. Nach dem unerwarteten, ausgedehnten Abendessen haben wir einen kleinen Spaziergang gemacht und uns dann auf dem Steg niedergelassen, wo wir sonst meditierten. Das heißt, wo er sonst meditierte und meine Gedanken mit mir für gewöhnlich Achterbahn fuhren. Von dort aufgestanden sind wir erst wieder am nächsten Morgen. Die Nacht zog an uns vorbei wie im Flug, während wir über Gott, die Welt und das Leben philosophierten. Über Werte, Ideale, Träume und die Sehnsucht nach Antworten auf all unsere Fragen. Andreas ist knapp zwanzig Jahre älter als ich. Seine Lebenserfahrung und die dazugewonnenen, schicksalhaften Erkenntnisse verleihen ihm aber eine Aura, der selbst ein blasslila Kaftan nichts anhaben kann. Wären es früher seine maßgefertigten Anzüge und der CEO-Titel gewesen, die ihn für mich interessant gemacht hätten, war es nun seine gereifte Seele, die mich anzog wie ein Magnet. Als die Sonne aufging und wir letztendlich aufstehen mussten, weil die Müdigkeit Oberhand gewonnen hatte, trat er ganz nah an mich heran, legte seine Hände um meine Wangen und küsste mich zärtlich auf die Stirn. Das hat mir fast den Boden unter den Füßen weggezogen, was nicht an der Müdigkeit lag. Ohne ein Wort nahm er meine Hand und brachte mich bis vor meine Zimmertüre. Und genau dort sagte er mir, dass er sich nichts Schöneres vorstellen könne, als mir zu zeigen, wie unbeschwert und lustvoll das Leben sein könne, wenn man sich dafür entscheidet. Voraussetzung sei allerdings, dass ich weiß, was ich in meinem Leben will. Und was eben nicht. Dann gab er mir seine Nummer, einen angedeuteten Abschiedskuss und verschwand. Andreas ist das genaue Gegenteil von Mark. Mit dem ich dringend reden muss.

Ich bedanke mich bei Claire für ihre moralische Unterstützung, verabschiede mich und hole Lilly vom Kindergarten ab. Da ich keine Lust auf zu Hause habe und mein traditioneller Montagabend bei Giovanni mit meinen Freunden ins Wasser fällt, fahre ich mit ihr in die Stadt zu Aische. Sie ist genau die Richtige, wenn es um spirituelle Fragestellungen geht.

»Andreas ist dein kosmischer Katalysator«, lautet ihre Diagnose, nachdem auch sie meine Geschichte kennt.

»Mein was?«

»Dein Beschleuniger. Er treibt einen Prozess voran, der schon viel zu lange vor sich hingärt.«

»Der wäre?«

»Oh bitte, Karin, stell dich nicht dümmer an, als du bist. Die Trennung von deinem Mann natürlich. Seitdem ich dich damals im Krankenhaus kennengelernt habe, warte ich auf diesen Moment.«

Ich bin baff. Erst Sabine, dann meine Schwester, jetzt die Aische. Bin ich am Ende die Einzige, die das Offensichtliche nicht wahrhaben wollte? »Und warum sagt dann keiner was zu mir?«, bin ich verärgert.

»Weil wir alle selbst herausfinden müssen, was wir wirklich wollen und was nicht, meine Liebe. Sei nicht sauer auf die anderen. Beglückwünsche dich selbst zu deinem Fortschritt und geh es an. Es ist an der Zeit«, verabschiedet sich die Aische, weil eine Kundin mit quengelndem Baby endlich ihre Bestellung aufgeben will.

Ich lasse Lilly noch ein wenig in der Spielecke mit den anderen Kindern toben und trinke dabei meinen Pfefferminztee aus. Der eine Kaffee bei Claire heute Morgen hat mir nach der ganzen Ayurveda-Ausreinigung ganz schön auf den Magen geschlagen. Ich bin nix mehr gewohnt, außer Reisbrühe und Ingwertee. So weit ist es schon mit mir gekommen. Aber für heute Abend brauche ich Alkohol. Denn es ist höchste Zeit, mit Mark zu sprechen.

Als der nach Hause kommt und bemerkt, dass Lilly nicht da ist, will er mir direkt an die Wäsche, um das Baby-Nummer-zwei-Programm zu launchen.

»Stopp!«, halte ich ihn unsanft zurück. »Wir müssen uns unterhalten.«

»Ach Baby, können wir das nicht hinterher?«, raunt er mir ins Ohr.

»Ich will kein Baby«, schiebe ich Mark unsanft weg, um seinen Avancen Einhalt zu gebieten.

»Also gut, dann nenne ich dich eben Puppe, wenn dir das lieber ist«, begreift er nicht und fasst mir erneut unters T-Shirt.

Ich muss wohl zu drastischeren Mitteln greifen, um meinen notgeilen Ehemann zu stoppen, daher werde ich laut und schreie ihn an: »Ich will kein zweites Kind vor dir, Mark! Verstanden?« Okay. Ich glaube, jetzt checkt er es.

Mark nimmt seine Hände von meinem Busen, geht einen Schritt zurück und sieht mich verständnislos an. »Wir waren uns doch einig, Karin. Das ist beschlossene Sache, warum machst du jetzt auf einmal einen Rückzieher? Ist dir der ganze Ayurveda-Kram nicht bekommen, oder was ist los mit dir?«

»Was mit MIR los ist? Nun, das kann ich dir sagen. DU bist los! Fragst mich nach einem zweiten Kind, während du es kein Wochenende alleine mit deiner Erstgeborenen aushältst. Dass ich nicht lache!«

»So ein Quatsch.«

»Ach ja? Und was war Anfang des Jahres, als mein Vater gestorben ist und ich zu seiner Beerdigung musste? Deine Mutter hast du herbestellt und mir damit ein schlechtes Gewissen gemacht, wie ich dich nur mit deinem Kind alleine lassen konnte. Während ich auf der Beerdigung meines Vaters war!«

»Den kanntest du doch kaum und hast den Kontakt zu ihm abgebrochen. Also mach mal kein Drama draus.«

»Mach mal kein Drama draus«, äffe ich ihn nach. »Sag mal, geht's noch? Ist das die Art und Weise, wie man mit seiner Frau umgeht?«

»Ist das hier etwa die Art und Weise, wie man den Mann behandeln sollte, der deinen Lebensunterhalt finanziert? Wie wäre es zur Abwechslung mit etwas mehr Respekt gegenüber dem, was ich für diese Familie leiste?«

»Ach, du meinst deine permanente Abwesenheit? Weil du auf irgendwelchen Partys, Abendveranstaltungen, Dienstreisen, Messen, Baustelleneröffnungen oder was weiß ich was unterwegs bist, anstatt dich um deine Familie zu kümmern?«

»Das ist eben meine Art, mich zu kümmern, Karin! Ich sorge dafür, dass wir die Hypothek bezahlen und den Kühlschrank vollmachen können. Andere Frauen wären dankbar dafür, dass sie nichts tun müssen, außer das Kind im Kindergarten abzugeben und es pünktlich wieder abzuholen. Seit wann zählt das bei dir denn nicht mehr? Habe ich da vielleicht was verpasst?«

Hat er das? Etwas verpasst? Haben wir uns verpasst in den letzten Jahren unserer Ehe – oder sogar schon davor? Haben wir den Anschluss verloren? Aneinander?

»Ich kann nicht mehr, Mark«, lasse ich die Schultern hängen und sacke erschöpft an unserem Familienesstisch zusammen.

»Was?«, ist Mark immer noch gereizt und macht keine Anstalten, sich zu mir zu setzen. Er verschränkt demonstrativ die Arme vor seinem Oberkörper. Wie ein Security-Typ steht er breitbeinig und bedrohlich vor mir. Nichts und niemand kommt an ihn ran oder an ihm vorbei. Nicht einmal seine eigene Ehefrau.

»Das alles hier. Ich kann nicht mehr. Ich habe keine Energie mehr für dieses Schauspiel«, spreche ich endlich das aus, was ich schon lange denke. »Ich kann nicht mehr und habe eine Entscheidung getroffen, Mark. Besser du setzt dich«, fordere ich ihn auf.

Dann hole ich die Flasche Chardonnay aus dem Kühlschrank und zwei Gläser aus der Vitrine.

Es ist an der Zeit, ihm reinen Wein einzuschenken.

Kapitel 10

Immer liegen überall ihre Sachen rum. Die Schuhe streift sie direkt am Eingang ab und lässt sie achtlos im Weg stehen, sodass man garantiert über sie stolpert. Garderobenhaken werden ignoriert, Toilettendeckel offen gelassen und schmutzige Gläser neben statt in die Spülmaschine gestellt. ARGH! Ich hasse das. »Wie oft muss ich dir noch sagen, dass du deine Klamotten aufräumen sollst?«, schreie ich in den ersten Stock. »Ich bin schließlich nicht deine Putzfrau!«

Keine Reaktion. Das kommt noch dazu. Gewisse Informationen gehen in ihr eines Ohr hinein und wandern über das andere unverarbeitet wieder hinaus.

Meine Mutter treibt mich keine zwei Tage nach ihrer Ankunft in den Wahnsinn. Ein baldiges Therapieende rückt damit für mich in unerreichbare Ferne. Und das auf unbestimmte Zeit. Nicht das Ende. Meine Mutter. Mit Sack und Pack stand sie vor meiner Haustüre und klärte mich darüber auf, dass sie jetzt keine Bleibe mehr habe und vorerst bei uns einziehen müsse. Der Hans-Peter habe sie nämlich vor die Tür gesetzt, weil sie ihm auf Dauer zu anstrengend gewesen sei. Ach ne. Ernsthaft? Ist dem das nach fünf Jahren auch aufgefallen? Zu allem Überfluss herrscht bei mir zu Hause so dicke Luft, dass kaum welche zum Atmen übrig bleibt. Und genau dann kreuzt ausgerechnet meine Mutter mit der Ankündigung auf, sich auf unbestimmte Zeit bei uns einquartieren zu müssen, da sie sonst auf der Straße steht.

Claire hat mich beruhigt und gemeint, dass wir Bedingungen an ihren Aufenthalt knüpfen sollten. Wenn sie sich um die Enkelkinder kümmert, könne sie gerne bleiben. Wenn nicht, dann solle sie doch direkt zum Sozialamt durchfahren. Und zwar öffentlich.

Als unsere Mutter kontern wollte, dass man so nicht mit der Frau umgehen könne, die uns das Leben geschenkt und sich aufopferungsvoll um uns gekümmert habe, setzten wir sie schachmatt mit unserem Wissen über die Briefe und Anrufe unseres Vaters, die sie damals nicht an uns weitergeleitet hatte und von denen wir nur durch Zufall erfahren haben. Daraufhin war sie erst mal still. Was wir nämlich auch nicht wussten, war, dass sie das üppige Taschengeld, das er uns in die Briefe gesteckt hatte, ohne ein Wort an sich genommen hatte. Das sei ihrer Meinung nach die ausgleichende Gerechtigkeit dafür gewesen, dass die ganze Arbeit mit uns allein an ihr hängen geblieben war. Da ich für weitere ausschweifende Diskussionen in meinem Leben zu ausgelaugt war und zudem sichergehen konnte, das mir vorenthaltene Taschengeld sowieso nie wieder zurückzubekommen, habe ich es einfach dabei belassen. Dafür habe ich von meinem Vater jetzt ein Haus geerbt. Okay, ein halbes Haus, aber das ist mehr, als meine obdachlose Mutter aktuell besitzt, und lässt mich innerlich über ihre Unterschlagung meines Taschengeldes hinweglächeln.

Den Job als Babysitter tritt unsere Mutter heute Abend an, wenn ich mich endlich wieder mit Sabine, Charlie und Fredi bei Giovanni treffe. Es ist zwar nicht Montag, aber allerhöchste Zeit, dass wir erfahren, was sich gerade im Leben der jeweils anderen abspielt. Und da scheint eine Menge vor sich zu gehen, denn jeder von uns hat im Gruppenchat große Neuigkeiten angekündigt, ohne diese jedoch zu konkretisieren. Wir hatten zuvor seit Tagen nichts voneinander gehört, außer zur Absprache unseres heutigen Treffens. Selbst zwischen Sabine und mir war Funkstille, obwohl uns nur eine Hauswand voneinander trennt. Franks Wagen steht immer noch in der Einfahrt. Der ist wohl zu Hause festgewachsen. Oder die Sabine hat ihn um die Ecke gebracht und vergessen, sein Auto zu beseitigen. Die Vorstellung gefällt mir irgendwie besser.

Meine Mutter kommt gerade die Treppe herunter. Bei ihrem Anblick verschlägt es mir fast den Atem, allerdings nicht vor Bewunderung, sondern vor Entsetzen. Sie sieht aus wie eine Mischung aus Peggy Bundy aus ›Eine schrecklich nette Familie‹ und dem Rapper 50 Cent! Ihren Oberkörper umspannt ein hautenges T-Shirt mit Leopardenprint und an ihren Beinen schlabbert eine weiße Trainingshose mit Goldstreifen an der Seite. Dazu kombiniert sie einen schwarzen Gürtel mit einer auffällig großen Goldschnalle und in ihrer Rechten hält sie – Gott bewahre! – ein Baseballcap!

»Willst du etwa SO Lilly vom Kindergarten abholen?«, klinge ich wie eine Erziehungsberechtigte, die ihre Teenagertochter in Zucht und Ordnung bei der Kleiderwahl unterrichten will.

»Das trägt man jetzt so«, reagiert meine Mutter schnippisch.

»In der Bronx vielleicht, aber nicht hier bei uns in der Vorstadt und in Gegenwart von Minderjährigen.«

»Ich übernehme deine Mutterpflichten, während du dir einen schönen Abend mit deinen Freunden machen kannst, und dann willst du mich zurechtweisen, was ich anziehen soll? Ich bitte dich, Karin, ich bin schließlich über fünfzig.«

»Fast sechzig«, stecke ich meinen Finger in ihre größte Wunde, den Alterungsprozess. »Und für was soll das da überhaupt stehen?«, deute ich auf die überdimensionale Gürtelschnalle.

»Gucci natürlich. Das erkennt man doch an den Buchstaben. Und ich dachte, du hättest Ahnung von Mode. Hast du nicht mal welche verkauft?«

»Und genau deshalb kann ich dir auch sagen, dass das eine Fälschung ist«, übergehe ich ihre Spitze. »Und eine äußerst schlechte noch dazu. Die Buchstaben sind falsch. Bei diesem Modell müsste es ein doppeltes G sein, davon ein normales und ein seitenverkehrtes. Bei dir gehen beide in die gleiche Richtung und der zweite Buchstabe ist ein C und kein G. Wo hast du den Gürtel überhaupt her?«

»Den hat mir der Hans-Peter in unserem letzten gemeinsamen Urlaub geschenkt«, wird sie ganz wehmütig.

Alles klar. Meine Mutter und ihr Ex-Hans-Peter haben genau ein Reiseziel, und zwar das Mekka gefälschter Modelabels, die Dominikanische Republik, wo die Billigware tonnenweise am Strand an die Sparfuchstouristen verhökert wird. Dort fahren sie jedes Jahr über Weihnachten hin, immer in dasselbe Hotel, immer in dasselbe Zimmer, immer an denselben Strandabschnitt. Nur dieses Jahr wird das wohl nix werden, es sei denn, ich schaffe es, den Hans-Peter dazu zu überreden, meine Mutter zurückzunehmen. Aber das muss warten, denn jetzt werde ich meiner Tochter ein Kindheitstrauma ersparen und sie selbst vom Kindergarten abholen. Meiner Mutter übergebe ich die Verantwortung für das Mittagessen. Brote schmieren sollte selbst für eine Kochniete wie sie machbar sein. Zumindest das haben wir beide gemeinsam. Der Apfel fällt eben nicht weit vom Stamm. Und heute Abend hat Claire die beiden zum Essen eingeladen, wo sie mit Selbstgekochtem versorgt werden.

Von Mark fehlt seit gestern jede Spur. Er hat sich mit den Worten: »Das mache ich nicht mit«, verabschiedet, nachdem meine Mutter bei ihrer Ankunft von ihm wissen wollte, ob es am schlechten Sex mit mir läge, dass hier so komische Schwingungen im Raum seien. Wo er letzte Nacht gewesen ist, weiß ich nicht. Mir persönlich macht das weniger aus als erwartet, aber Lilly versteht es nicht und ich bin eine schlechte Lügnerin. Also habe ich ihr gesagt, dass der Papa auf einer ganz wichtigen Dienstreise sei. Das kann ja gut sein, ist ihr bekannt und von Eheproblemen versteht sie noch nichts.

Sind sie das überhaupt noch? Eheprobleme? Oder war es das mit meiner Ehe? Eine Antwort darauf gab es an dem besagten Abend nicht. Wir haben getrunken, uns mit Vorwürfen beschmissen und uns gegenseitig die Schuld für alles in die Schuhe geschoben. Darin sind wir richtig gut. Als keiner mehr Munition übrig hatte, sind wir in getrennte Betten gefallen. Am nächsten Morgen war Mark bereits weg, als ich aufstand. Und dann kam schon meine Mutter.

Sollte ich jemals einen Plan für eine erfolgreiche Ehe gehabt haben, wäre der jetzt definitiv und voll - für den Arsch.

Ich komme als Erste von uns bei Giovanni an. Zwanzig Minuten zu früh betrete ich das schnuckelige italienische Restaurant, wo wir uns seit Jahren treffen, reden, lachen, trinken, weinen oder – wie heute - wiederfinden. Hoffentlich.

Die Reise hat uns in vielerlei Hinsicht verändert. Jeden von uns für sich, aber auch unsere Beziehungen zu- und untereinander. Wie und was genau, das kann ich nicht sagen. Es ist eher so ein Gefühl. Oder mehr noch: eine Gewissheit.

Giovanni begrüßt mich auf diese typisch italienisch überschwängliche Art, an die ich mich erst gewöhnen musste. Ich finde es befremdlich, wenn jemand meinen Busen an seiner Brust zu spüren bekommt, mit dem ich für gewöhnlich keinen Sex habe. Aber bei ihm ist das anders. Es hat etwas Väterliches. Apropos. Das muss ich auch noch planen und vorbereiten, denn niemand weiß, was ich vorhabe. Noch nicht. Nur ich. Eine Entscheidung, die ich ganz alleine und nur für mich getroffen habe. Das erste Mal in meinem Leben und, was soll ich sagen, es fühlt sich aufregend an. Beängstigend. Aber richtig.

Und da kommen sie auch schon, die Menschen, die das als Erste erfahren sollen.

Wir fallen uns in die Arme, als lägen Jahre zwischen unserem letzten Treffen und dem heutigen Wiedersehen. Dabei sind es gerade mal vier Tage. Es entsteht das reinste zwischenmenschliche Kuddelmuddel. Küsschen werden verteilt, Wangen gestreichelt und ich spüre jede Menge Brüste an meiner. Es liegt etwas in der Luft. Der Duft von Euphorie und Aufbruchstimmung.

Als Giovanni unaufgefordert eine Flasche seines Hausweins in der Mitte unseres Tisches platziert, entsteht plötzlich eine angespannte Stille. Alle Blicke wandern zu Sabine.

»Wir sind hier nicht in der Entzugsklinik, sondern beim Italiener. Also trinkt verdammt noch mal euren Wein. Mir bringst du eine Weißweinschorle, Giovanni. Va bene, grazie tante oder mille oder wie auch immer du es gern hättest«, gibt Sabine ihre Getränkebestellung an Giovanni auf. An uns gerichtet erklärt sie: »Hört zu. Das war ganz nett gemeint auf der Insel und ich weiß eure Sorge sehr zu schätzen. Aber ich werde bestimmt nicht zur Abstinenzlerin. Trotzdem wird es weniger werden, versprochen. Es war zu viel in letzter Zeit. Von allem. Daher danke Charlie, dass du so besorgt um mich warst. Dein Dr. Kamal ist ein wahrer Wunderarzt und seine Kräuter sind absolut empfehlenswert.«

»Und genau deshalb nehmen wir ihn auch mit«, strahlt Charlie.

»Mit wohin?«, verstehe ich nicht.

»Meint ihr den Durchfallarzt von den Malediven?«, hängt Fredi gedanklich hinterher.

»Genau den«, bestätigt Charlie. »Wir gehen nämlich weg aus München.«

»Ihr und eure Urlaube. Kaum zurück aus dem Paradies, schon düst ihr ins nächste Feriencamp«, bin ich neidisch.

»Kein Urlaub. Wir ziehen weg. So richtig. Alfi und ich werden München verlassen. Und euch«, kündigt Charlie ihre Neuigkeiten mit tränenerstickter Stimme an.

Sabine, Fredi und ich tauschen verständnislose Blicke aus. Keiner von uns wusste etwas davon. Was hat das zu bedeuten?

Charlie putzt ihr Näschen und klärt uns auf: »Die paar Tage in der Schweiz nach unserem Ayurveda-Urlaub und seiner Reha haben Alfi und ich dafür genutzt, um uns zu überlegen, wie wir den Rest unserer gemeinsamen Zeit hier auf Erden verbringen wollen. Sein Herzinfarkt war ein Zeichen dafür, wie schnell alles von jetzt auf gleich vorbei sein kann.« Als sie das sagt, muss ich direkt an Andreas und seine Geschichte denken. Ach ja, der Andreas. »Und da haben wir entschieden, dass wir unsere Erkenntnisse an andere weitergeben könnten, die entweder ähnliche Erfahrungen gemacht haben oder erst gar nicht dorthin kommen wollen. Mir selbst hat das Meditieren so viel gegeben, so viel Reichtum«, das sagt sich leicht, wenn dein Bankkonto überquillt, »dass wir ein Retreat Centre aufmachen werden. Und zwar dort, wo die Spiritualität ihr Zuhause hat.«

»Ihr geht nach Woodstock?«, überschlägt sich Fredis Stimme fast.

»Woodstock ist der Name für ein Drogenfestival, kein spiritueller Ort!«, rollt Sabine mit den Augen.

Hat Charlie etwa auch mit Andreas gesprochen? Woher kennt die auf einmal Spiritualität? Und warum muss ich dabei schon wieder an Spirituosen denken?

»Ibiza«, verkündet Charlie. »Wir gehen nach Ibiza.«

»Auf«, korrigiere ich. »Ibiza ist eine Insel, man geht auf eine Insel, nicht nach eine Insel.« Ich brauche dringend auch was von dieser Spiritualität. Mein aggressives Sozialverhalten meldet sich in voller Pracht zurück.

»Karin, halt die Klappe. Das klingt total bescheuert. Wer sagt schon, dass er ›auf‹ Ibiza geht?«, werde ich prompt von der kopfschüttelnden Sabine angeschnauzt. »Nach Ibiza also?«, wendet sie sich wieder zurück an Charlie. »Wann?«

»Es ist bereits alles eingeleitet. Der Immobilienmakler wurde beauftragt, ein passendes Anwesen zu finden und ...«

»Nicht WAS! WANN?«, wird sie von Sabine unsanft unterbrochen.

»Diesen Sommer. Und ihr kommt hoffentlich alle zur Eröffnung und bleibt mindestens ein paar Tage, papperlapapp, lieber Wochen bei uns. Was sagt ihr dazu?«

Ich bin sprachlos. Die anderen offensichtlich auch. Also sagen wir gar nichts. Ein München ohne Charlie? Charlie IST München. Das heißt, sie war es schon mal mehr. Ihr Äußeres hat sich verändert. Nicht wirklich dramatisch, sondern eher wie bei einer Metamorphose. Charlie steckt aktuell in einer Art Zwischenstadium. Es ist noch genug Botox übrig, aber schon zu viel weg, um sie auf den ersten Blick als das einzustufen, was sie verkörpert – oder verkörperte? – ein typisches Luxusweibchen, das jetzt auf unsere Antworten wartet. »Also, was sagt ihr?«

»Wow!«, macht Fredi den Anfang. »Das sind ja mal Neuigkeiten. Was mache ich denn jetzt bloß ohne dich?«

»Vielen Dank auch!«, bin ich eingeschnappt und Sabine schließt sich mir an.

»Komm doch mit«, dreht Charlie auf. »Was hält dich denn noch hier? Deinen Job hast du gekündigt und, na ja, den Rest kennen wir noch nicht«, spielt sie auf den

Umstand an, dass wir nach wie vor nicht wissen, was der aktuelle Stand mit seiner Familie und Alessandro ist. Oder auch nicht ist.

»Ich habe jetzt Alessandro. Stellt euch vor, es hat funktioniert. Ich habe ihn mir zurückgeholt«, steigen Fredi die Freudentränen in die Augen.

Wir springen von unseren Plätzen auf und beglückwünschen ihn überschwänglich, wodurch ein erneutes zwischenmenschliches Kuddelmuddel entsteht. Sobald wir alle wieder auf unseren Plätzen sitzen, berichtet Fredi von seinem filmreifen Auftritt unter Alessandros Schlafzimmerfenster mit allem, was dazugehört: Musik, Gesang, Kieselsteinchen gegen die Fensterscheiben werfen, beharrlich bleiben, obwohl keine Antwort kommt, wüsten Beschimpfungen der Nachbarn, einem Eimer Wasser und letztendlich dem erlösenden Geräusch des Türsummers, der sowohl Fredi als auch die Nachbarn von ihren Qualen erlöste. Ebenso filmreif verlief das Gespräch am nächsten Tag mit seinen Eltern, nur dass der Ausgang ein anderer war. Anstatt ihren Sohn in die Arme zu schließen und ihn zu seinem mutigen Schritt zu beglückwünschen, haben sie sich von ihm dessen Ersatzschlüssel für das Anwesen aushändigen lassen und ihn darum gebeten, in Zukunft Abstand zu der gesamten Familiendynastie zu halten. Für Fredis Eltern ist Homosexualität ein Virus, gegen das es nur einen Impfstoff gibt: Distanz. Sollte er sich gegen die Beziehung zu Männern entscheiden, sei er jederzeit wieder herzlich willkommen. Aktuell aber können sie seinen Lebensstil weder moralisch noch finanziell unterstützen.

Und so sitzt er nun vor uns, der verstoßene Sohn. Auch Fredi hat sich verändert. Es ist mehr ein innerer Wandel, der nach außen strahlt. Fredi umgibt eine Aura, die mich vom ersten Moment an ihm fasziniert hat. Er zählt zu der Sorte Menschen, die selbst dann strahlen, wenn es ihnen hundeelend geht. Seine Gesichtszüge sind einzeln betrachtet von einer gewissen Asymmetrie gezeichnet, ergeben aber trotz allem ein harmonisches Gesamtbild. Das habe ich zuvor noch an keinem anderen Menschen gesehen. Und jetzt wirkt Fredi erschöpft und dennoch glücklich. Er weiß, was er will, ohne zu ahnen, was noch kommt. Und genau das jagt ihm eine Scheißangst ein, wie er gerade zugibt.

»Hinter der Angst liegt die Freiheit«, kommt es aus Charlies Mund.

»Wie bitte?«, überschlägt sich Sabines Stimme fast. »Wo ist denn dein Charlie-typisches ›Zauberhaft‹ geblieben? Und seit wann zitierst du Sprüche von Wänden aus deutschen Durchschnittswohnzimmern?«

»›Carpe diem‹ steht an Wohnzimmerwänden oder dieser Lebe-deine-Träume-Schwachsinn-und-nicht-umgekehrt-Firlefanz. Angst holt sich doch keiner freiwillig ins Haus«, kontert Charlie ungewohnt souverän.

»Du machst mir Angst, Charlie«, schüttelt Sabine ungläubig den Kopf. Nach dieser kurzen Irritation wendet sie sich wieder an Fredi: »Und wovon wollt ihr jetzt leben, dein armer Poet und du?«

Die Frage ist nicht ganz unberechtigt. Als Arbeitsloser ohne familiäre Finanzspritzen hat Fredi erhebliche finanzielle Einbußen zu verzeichnen, die sein dauerkellnernder Alessandro unmöglich ausgleichen kann, egal, wie viele Extraschichten er übernimmt. Außerdem braucht Alessandro viel Zeit und Muße, um an seinem ersten Gedichtband zu arbeiten. Er träumt von einer großen Karriere als Lyriker, was voraussichtlich noch eine ganze Weile dauern wird, das mit der Karriere, nicht das Träumen.

»Für das nächste Jahr reicht es noch. Ich wusste, dass dieser Tag kommen würde, und habe monatlich immer etwas von meinem Gehalt beiseitegelegt. Meine Wohnung habe ich gekündigt und ich ziehe zu Alessandro, da sparen wir auch Geld.«

»Der hat ein Ein-Zimmer-Appartement. Ist das Libidoförderlich?«, wirft Sabine ein.

»Ich bin einfach nur glücklich, ihn wiederzuhaben, Sabine. Der Rest wird sich ergeben. Ich vertraue dem Leben und seinem kosmischen Plan.«

»Oh, das ist zauberhaft!«, schwärmt Charlie.

»Siehst du, da ist es wieder«, werfe ich Sabine zu.

»Kommt doch mit zu uns nach Ibiza«, wird Charlie auf einmal ganz aufgeregt.

»Auf, es heißt AUF Ibiza«, beharre ich.

»Halt die Klappe, Karin«, mahnt mich jetzt auch Charlie mit ungewohnt tiefer Stimme, die nur erahnen lässt, wie es sein kann, wenn die wirklich sauer wird. Und wozu sie fähig ist, weiß ich seit unserer Reise. Dann wendet sie sich wieder an Fredi: »Jetzt mal ernsthaft. Was hält dich noch hier? Ich meine euch. Einen Kellnerjob findet Alessandro auch auf der Insel irgendwo oder bei uns und du könntest uns bei den Umbaumaßnahmen und der Organisation mit den Baustofflieferanten helfen. Alfi muss sich schonen wegen seines schwachen Herzens und ist dankbar für jede Unterstützung. Wir würden alles vertrauensvoll in deine Hände geben. Was meinst du?«

»Das klingt logisch und vernünftig«, bekräftigt Sabine Charlies Vorschlag. »Und es ist völlig egal, wo ihr neu anfangt. Hauptsache, ihr tut es und macht euch frei von den Fesseln der Vergangenheit.«

»Was ist denn mit dir los? Hast du zu viele von Alessandros Gedichten gelesen?«, überrascht mich Sabines absolut untypische blumige Wortwahl.

»Nein, zu viel Herzchirurgie gebumst«, kommt es wieder gewohnt trocken und sachlich aus ihrem Mund. »Der vernebelt mir noch das Hirn.«

»Was ist das denn jetzt genau mit euch beiden?«

»Ach. Keine Ahnung. Seit Christoph habe ich auch wieder Sex mit Frank, könnt ihr euch das vorstellen?« Sabine blickt in unsere angeekelten Gesichter. »Eben, das konnte ich auch nicht. Aber seitdem der Chirurg meine verstopften Sexarterien gereinigt hat, kann ich es einfach nicht mehr stoppen. Ich bespringe meinen Mann. Freiwillig!«

Das erklärt Franks Dauerparkerei in seiner Einfahrt. Mein Kopfkino verselbständigt sich und mir wird schlecht. Nur zu gut erinnere ich mich an die Szene, die sich damals auf dem Bildschirm des Babyphones abspielte, als Frank seine Frau öffentlich mit dem russischen Au-Pair betrog und alle Nachbarn live dabei zusehen durften.

»Schön. Sabine hat endlich wieder Sex mit zwei Männern gleichzeitig, nur eben nicht zur selben Zeit. Können wir uns bitte wieder auf mich konzentrieren und Charlies großzügiges Angebot ausdiskutieren?«, unterbricht Fredis beleidigte Stimme den Ausflug in Sabines Sexleben.

»Jetzt klangst du richtig tuntig«, spuckt die zurück.

»Und wenn schon. Dein Thema besprechen wir anschließend. Was meint ihr dazu? Soll ich Alessandro fragen, ob wir auswandern wollen? Zu Charlie?«

»Was willst du denn, Fredi?«, frage ich ihn. »Es ist doch auch dein Leben. Willst du das? Weg aus München, weg von uns?«

Es entsteht eine kleine Pause, in der keiner von uns auch nur einen Mucks von sich gibt. Schmerzhaft wird mir genau in diesem Moment bewusst, was hier gerade passiert. Unsere Wege trennen sich. An dem Entschluss von Charlie und Alfi ist nicht zu rütteln und nun überlegt auch Fredi, ob er seine Zelte abbrechen soll. Die Antwort auf seine Frage kennen wir alle. Natürlich wird er gehen und Alessandro mit ihm. Aber Fredi braucht für seine finale Entscheidung unsere Bestätigung wie ein Kleinkind die motivierenden Worte seiner Mutter, wenn es sich die nächste Stufe auf dem Klettergerüst hinaufwagt. Sie weiß, dass es das kann, so wie wir wissen, dass Fredi sie braucht, die Veränderung.

»Karin, seit wann stellst DU diese Art von Fragen? Ich erinnere mich an eine Situation, und die ist noch gar nicht so lange her, da wollte ich etwas Ähnliches von dir wissen«, dreht Sabine sich erstaunt zu mir.

»Ich weiß. Mein Leben, meine Entscheidungen, Eigenverantwortungen und so Zeugs.«

»Ihr Frauen seid wirklich alle gleich! Schon wieder sind wir bei euch gelandet, anstatt bei mir zu bleiben.«

»Sie hat aber absolut recht, Fredi«, pflichtet mir Charlie bei. »Die Frage lautet doch: Was willst DU?«

Es entsteht eine weitere Pause, in der wir abwechselnd an unseren Getränken nippen und verstohlen die Blicke von einem zum anderen schweifen lassen. Stillschweigend sind sich alle Frauen am Tisch einig, dass Fredi seine Frage selbst beantworten und es laut aussprechen muss. Und dann, nach einer gefühlten Ewigkeit, verkündet der: »Ja, das will ich. Ich will einen Neuanfang. Ein neues Leben an einem neuen Ort. Aber ich will auch euch«, dabei sieht er zu Sabine und mir, »und ihr werdet nicht da sein. Und das ist schrecklich. Und gleichzeitig sagt mein Herz, dass es das Richtige ist. Also ja, Charlie. Ich komme mit und Alessandro auch.«

Und damit ist auch diese Entscheidung getroffen.

Jetzt fehle nur noch ich mit meinen Neuigkeiten, daher verkünde ich feierlich: »Ich gehe auch. Weg aus München. Zwar nicht für immer, aber für eine Weile. Vorerst.«

Es kehrt wieder Stille ein am Tisch. Alle Augen sind jetzt auf mich gerichtet.

Fredi findet seine Sprache als Erster wieder: »Mit oder ohne deinen Mann?«

»Ohne«, gebe ich knapp zurück.

»Und wohin?«, will Charlie wissen.

»An die Ostsee in das Haus meines Vaters.«

»Und wann?«, fragt Fredi.

»Sobald ich die Situation mit Mark geklärt habe.«

»Herrje, muss man dir wirklich jedes Wort einzeln aus der Nase ziehen? Jetzt rück schon raus mit der Sprache! Wir brauchen Details«, wird Sabine ungeduldig.

Und dann erzähle ich. Alles. Angefangen bei der Begegnung mit Andreas auf den Malediven, seinem unmoralischen Angebot, meiner Rückkehr nach Hause, dem Streit mit Mark, Claires Schwangerschaft, dem unverhofften Einzug meiner Mutter und meinem Wunsch nach einer Pause von allem, um herauszufinden, was ich, Karin Kraus, geborene Jakob, wirklich will. Dass ich mich verloren habe in den letzten Jahren, gleichwohl ich das Gefühl habe, mich selbst noch nie wirklich gefunden zu haben. Von meiner riesengroßen Scheißangst, all das hervorzuholen, was ich bisher unterdrückt habe, und davor, alleine zu sein. Zwar wäre Lilly bei mir, da sie noch nicht schulpflichtig ist, aber sie ersetzt weder meine Therapeutin noch meine Freunde. Und außerdem mag ich keinen Matjes und da oben gibt es nichts außer einer versifften Kneipe mit stinkenden Matjesbrötchen und Essiggurken.

Ich blicke in drei Gesichter, deren Ausdruck sich mir nicht erschließt. Und schon wieder entsteht eine Pause. Und jetzt? Erklären die mich wahrscheinlich für verrückt und rufen die Männer mit den weißen Westen.

»Giovanni!«, schreit Sabine quer durch das gesamte Restaurant zu unserem Lieblingsitaliener hinter der Bar. »Bring den Champagner her, wir haben etwas zu feiern!«

»Das ist zauberhaft, Karin. Endlich kümmerst du dich um dich.«

»Ach Schatz, das klingt nach dem besten Plan, den ich je von dir gehört habe«, tätschelt Fredi meine Hand. »Wisst ihr noch, der Zehn-Punkte-Plan von ihr damals während der Schwangerschaft mit Lilly?« Alle lachen.

Außer mir. Beleidigt kommentiere ich Fredis Bemerkung mit: »Blödmann!«

»Ach komm schon, Karin, der war wirklich bescheuert und hat vorne und hinten nicht funktioniert. Aber dein jetziger Entschluss ist wirklich gut. Das ist ein Plan ohne Plan. Das Einzige, was du planen kannst, ist die Anreise. Der Rest ergibt sich. Das nennt sich ›Leben‹«, bekräftigt Sabine meinen Entschluss. Die Frau, die mich einst in meine Ehe gequatscht hat. Aber das ist lange her.

Wir feiern bis weit nach Ladenschluss. Versprechungen werden gemacht, dass wir uns gegenseitig alle regelmäßig besuchen. Auch den Montagabend wollen wir um jeden Preis beibehalten, wenn auch nur virtuell. Was daraus wirklich wird? Nun, das steht in den Sternen und liegt in unseren Händen.

Als ich spätnachts nach Hause komme, sehe ich Marks Wagen in der Einfahrt parken. Er ist also wieder da. Nun führt kein Weg mehr daran vorbei. Ich werde mit ihm reden und meine Entscheidung verkünden müssen.

Wohl wissend, dass ich morgen mein Leben in eine komplett neue und unbekannte Richtung lenken werde, schlafe ich ein.

Epilog

Ich liebe Weihnachten. Das kann ich jetzt. Wieder. Denn ich bin genau dort, wo ich sein möchte. Das erklärt dir aber vorher keiner, dass das geht, und, dass du als Mutter ein Recht darauf hast, dein Leben nach deinen eigenen Wünschen zu gestalten. Dafür ist es allerdings wichtig, sie zu kennen, deine Wünsche.

Bei mir hat es eine ganze Weile gedauert, um herauszufinden, was ich wirklich will. Ich dachte immer, ich muss das wollen, was von mir erwartet wird. Als Mutter. Aber das ist Quatsch.

»Mami, Mami, schau mal, Kopfhörer!«, ruft meine Tochter begeistert herüber und wedelt dabei mit Charlies Geschenk in der Luft herum.

Ich könnte meine Freundin dafür küssen, was ich auch direkt tue. Nie wieder das generische Gejohle von One Direction auf Zimmerlautstärke. Ich dachte immer, mit der Auflösung einer Boyband habe sich automatisch der Hype um die zusammengecastete Teenager-Gruppe erledigt, die sich in der Regel aus fünf geschlechtsreifen Pubertierenden zusammensetzt, von denen jeder eine Haarfarbe vertritt. Nicht so bei diesen fünf. Wie Kakerlaken würden die selbst einen Atomkrieg überleben und unbehelligt bis in alle

Ewigkeit sämtliche Radiostationen dieser Welt besetzen. Plutonium hin oder her. Aber damit ist jetzt endgültig Schluss. Ab sofort sind die verbannt in Lillys akustisches Universum.

Alfi tritt zu uns hinaus auf die Terrasse und serviert die Smoothies. Seit seinem Herzinfarkt vor drei Jahren sind wir von Whiskey auf kaltes, dickflüssiges Gemüse aus dem Standmixer umgestiegen. Sabine und ich kippen uns je einen Schuss Wodka dazu, während Charlie das Gesöff aus Solidarität ihrem Mann gegenüber pur genießt. Und weil es zu ihrem neuen Lebenskonzept hier auf der Insel gehört.

Seit dem Umzug von Charlie und Alfi auf Ibiza (oder heißt es doch nach Ibiza?), hat sich vieles verändert. Nicht aber unsere Weihnachtstradition. Jedes Jahr kommen wir zu den beiden hierher und feiern gemeinsam das Fest unserer aufrichtigen und ehrlichen Nächstenliebe. Zu den geraden Jahreszahlen reist Lilly mit mir, die ungeraden verbringt sie bei ihrem Vater und dessen neuer Familie.

Mark hat sich nach unserer Trennung schnell eine andere Frau gesucht, die eher seinem Lebensmodell entspricht. Sie kocht, pflegt den Garten und setzt gerne Nachwuchs in die Welt. In kürzester Zeit hat sie ihm zwei Kinder geschenkt und sich selbst damit das Recht auf den Zweitwagen erworben. Und Mark konnte dadurch endlich dort ankommen, wo er schon immer hinwollte: an der Spitze der Geschäftsführung seiner chauvinistischen Baufirma. Ich habe ihm bereitwillig das Reihenmittelhaus über- und mich auszahlen lassen. Er und seine Birgit passen besser in die Vorstadt zu meiner Schwester, die mittlerweile eine Vierfachmama geworden ist. Ja, richtig gelesen. Drei Kinder waren nicht genug. Nummer vier kam direkt hinterher, da war Nummer drei kaum ein Jahr alt. Claire kauft ihre Kleidung jetzt lebenslang bei Ulla Popken ein und der Diethelm gilt als DER Potenzkönig und Allzeitkönner in der gesamten Nachbarschaft. Wenn er allerdings versucht, den Familien-VW-Bus einzuparken, fragen sich alle, wo er seine Trefferquote hernimmt. Vor, zurück, vor, zurück, vor, zurück. Im Schneckentempo. Unzählige Male. Und immer wieder von vorne. Bis er endlich reinpasst. Der Bus. In die Lücke. Die Parklücke.

Meine Zeit in der Vorstadt war abgelaufen, auch wenn Claire nicht müde wurde, mich vom Gegenteil überzeugen zu wollen. Ich sei jetzt schließlich eine alleinerziehende Mutter, die auf jede Unterstützung angewiesen wäre, womit sie nicht ganz Unrecht hatte. Und dennoch zog es mich weg. Wie Sabine auch. Und so gingen wir fort. Nur leider in getrennte Richtungen.

Sabine ging mit Frank und den beiden jüngsten Söhnen nach Münster, um dort ihren Juraabschluss nachzuholen und ihre Ehe zu retten. Sie hatte sich entschieden, dem Ganzen eine letzte Chance zu geben. Aber dafür brauchte es genügend Abstand zu dem Ort, wo jeder ihre Vergangenheit kannte und sie tagtäglich Gefahr lief, auf der Straße in eine von Franks zahlreichen Affären zu laufen. Sabines

Bedingungen für die Wiederaufnahme der ehelichen Beziehung waren der Umzug an einen Ort ohne Vorgeschichte und die familiäre Unterwerfung zu Gunsten ihrer Karriere. Frank stimmte zu, ohne mit der Wimper zu zucken. Die Kenntnis darüber, dass seine Frau mit einem erfolgreichen Herzchirurgen hätte durchbrennen können, veränderte seinen Blick auf Sabine und das Familienleben, das sie ihm bot. Ja, der Christoph hatte der Sabine angeboten, für sie Frau und Kleinkinder zu verlassen. Das wiederum hat der Sabine die Augen geöffnet. Egal, wo Frank sich rumgetrieben hatte, er war immer wieder zu ihr und den Söhnen zurückgekehrt. Sie wollte keine Familie zerstören. Das sollte gefälligst eine andere übernehmen. Und so ging es für die 18f-Zollners nach Münster, wo Frank in Teilzeit bei einem Versicherungsanbieter arbeitet und Sabine mittlerweile ihre eigene Kanzlei eröffnet hat. Jetzt war ihre Zeit gekommen, genau so, wie sie es mir Jahre zuvor vorausgesagt hatte. Manchmal zahlt sich Geduld eben aus.

Ich lebe mit Lilly knapp fünfhundert Kilometer von Sabine entfernt, aber in nördlicher Richtung. Wir sind jetzt Fischköppe. Nachdem ich Mark mitgeteilt hatte, dass wir von nun an getrennte Wege gehen würden, ist er in die Rolle des Hausmeisters geschlüpft. Er dachte, mich so unter Druck setzen und zum Bleiben bewegen zu können. Es sei schließlich sein Haus und da das Gästezimmer von meiner Mutter belegt war, sollte ich gefälligst in den Keller ziehen. Alle öffentlichen Wohnräume wären für mich ab sofort tabu und selbst Untermiete wollte er von mir beziehen, da ich ab sofort Gast in SEINEM Haus sei. Als Sabine ihn dann äußerst eindringlich über seine Rechtslage aufgeklärt hatte, bot Mark mir eine offene Ehe an. Für die Öffentlichkeit würden wir weiterhin als heile Familie auftreten. Was in unseren vier Wänden geschehe, sei allein unsere Sache. Dafür wollte er eine Art Verschwiegenheitsklausel aufsetzen lassen, sodass auch ja kein Sterbenswörtchen an die Öffentlichkeit beziehungsweise in die Chefetage seiner Baufirma dringen würde. Wäre ja auch zu blöd, wenn er wegen einer unerfreulichen kleinen häuslichen Trennung auf seine vielversprechenden Karrierechancen verzichten müsse, die zum Greifen nahe waren. Da war er dann plötzlich zu allerlei Kompromissen in der Ehe bereit. Hätte ich das mal vorher gewusst, aber dafür war es jetzt zu spät. Ich wusste, was ich wollte und was definitiv nicht mehr. Und für diese erste ganz und gar eigene Entscheidung in meinem Leben war ich bereit, sämtliche Konsequenzen zu tragen.

Nur wenige Wochen nach dem klärenden Gespräch mit Mark habe ich die Koffer gepackt und bin mit meiner Tochter auf unbestimmte Zeit in das geerbte Haus an die Ostsee geflohen. Ich brauchte Abstand. Zu allem und zu jedem. Dass ich mir dort ein neues Leben aufbauen würde, ahnte ich zu dem Zeitpunkt nicht. Hannes und Helga haben mich quasi adoptiert und Lilly als ihr Enkelkind angenommen. Da wir dort regelmäßig zum Essen waren, entwickelte sich im Laufe der Zeit eine Art Beziehung zwischen den beiden und mir. Sie sind mehr Eltern für mich, als meine es jemals waren. Wer hätte das gedacht? Ich bestimmt nicht. Da Hannes und Helga keine Enkelkinder haben, waren sie dankbar für den frischen Wind in den alten Mauern. Lilly eroberte deren Herz im Sturm, wurde regelmäßig zum Fischen mitgenommen und ist jetzt eine waschechte Ostseeperle. Als Lilly schulpflichtig wurde, haben Mark und ich entschieden, dass es das Beste für sie sei, in ihrem gewohnten Umfeld zu bleiben. Er selbst hatte in München genug zu tun, allerdings weniger mit seinen neuen Kindern als vielmehr mit seinem vereinnahmenden Job. Es gibt eben Dinge, die ändern sich nie. Aber das ist nicht mehr mein Problem.

Ich arbeite übrigens wieder. Dank der familienähnlichen Kinderbetreuungsmöglichkeit durch Hannes und Helga kann ich das Lebensmodell praktizieren, das mich erfüllt. Ich kann eine gute Mutter sein UND gleichzeitig viel arbeiten. Das funktioniert wunderbar. Für mich. Weil mir mein Job mindestens genauso viel Freude bereitet wie mein Kind, wenn es abends ausgepowert nach Hause kommt und zügig einschläft.

Charlies und Alfis Retreat-Konzept auf Ibiza war so erfolgreich, dass sie expandiert haben. Unter anderem hierher. Denn was sich am Mittelmeer auszahlt, rockt bestimmt auch an der Ostseeküste, dachte sich Alfi, nur halt mit Matjesbrötchen statt Tapas und Windjacke statt Boho-Strandkleid. Mein neuer Wohnort wurde als deutscher Versuchsballon gestartet. Ein paar hunderttausende Euro Verluste hin oder her – die seien nicht das Thema. Man nahm Hannes und Helga mit ins Boot, baute die Ankerklause komplett um und aus und ließ ein Resort entstehen, das keine Ostseewünsche offenlässt. Metzger und Bäcker stiegen auf Biokost um, der Bürgermeister glänzte in den Lokalnachrichten, alle waren sie von Anfang an mit an Bord. Es gab weder lebensmitteltechnische Lieferengpässe noch verschwanden Anträge auf dem Bürgeramt – im Gegenteil. In Rekordgeschwindigkeit machten wir aus dem vergessenen Punkt auf der Landkarte einen zugangsbeschränkten Erholungsort mit Warteliste. ›Charlie's Boutique‹ haben wir als Shop-Konzept in die Anlagen integriert. Wir verkaufen dort immer noch Designerfummel, allerdings angepasst an die klimatischen Bedingungen des jeweiligen Resorts und den Zweck, welchen die edlen Teile erfüllen sollen: bequem, yogatauglich und absolut angesagt müssen sie sein. Und mit dem gewissen Etwas versehen, was in der Regel ein gut sichtbares Markenlabel ist.

Einen Mann gibt es aktuell nicht in meinem Leben. Andreas hat mich eine Weile begleitet, nachdem ich mich auf sein Angebot eingelassen habe. Via Whatsapp informierte ich ihn nach meiner Ankunft an der Ostsee, dass ich nun wüsste, was ich wollte, und jetzt bereit für ein Abenteuer wäre. Er hat nicht lange auf sich warten lassen und mir dann vor Ort gezeigt, was er alles unter seinem Kaftan versteckt und welche Kunststücke er damit vollbringen kann.

Ich staunte nicht schlecht und bedankte mich beim Universum für die Begegnung mit diesem Zauberkünstler und für den Mut, mich darauf eingelassen zu haben. Was wäre mir nicht alles entgangen. Irgendwann wurde es mir allerdings zu viel Kaftan und zu wenig Bodenhaftung. Seine ständigen Schneidersitz-Einlagen empfand ich auf Dauer wenig erotisierend. Ich bin einfach nicht der Typ für Meditation. Basta. Wir sind nach wie vor sehr gut befreundet und ich habe ihm sogar zu seinem neuen Job verholfen. Andreas ist der Mediationsmanager in unseren verschiedenen Resorts. Mit Ein- und Ausatmen kennt er sich ja bestens aus. Gelegentlich schlafen wir auch miteinander, so rein freundschaftlich und ohne Kaftan. Das ist gut für den Stoffwechsel und sehr vertraut. Keine bösen Überraschungen, wie ich sie bei diversen Online-Dating-Erfahrungen machen durfte. Aber das ist eine andere Geschichte und soll im dritten Teil erzählt werden, brüllt die Autorin gerade dazwischen. Ich soll bloß den Mund halten. Ja, ja, ist ja gut!

Fast hätte ich meine Mutter vergessen und was aus ihr geworden ist. Oje, muss ich direkt bei Frau Dr. Baumann anrufen und fragen, was das wohl wieder zu bedeuten hat. Ja, meine Therapeutin habe ich mir erhalten. Wir telefonieren einmal im Monat miteinander und erörtern meine Entwicklung. Das tut mir gut und ich habe mich so sehr an sie gewöhnt, dass eine Trennung von ihr für mich nicht infrage kommt. Das würde sich wie eine Amputation anfühlen. So muss es Ehepaaren gehen, die seit Jahrzehnten zusammen sind, sich ein Leben ohne den anderen nicht mehr vorstellen können und sich im Laufe der Zeit sogar optisch aneinander angenähert haben. Zu wessen Vorteil dies jeweils geschieht, nun ja, das ist ein anderes Thema. Optisch angenähert habe ich mich an Frau Dr. Baumann nicht. Ich habe, zum Glück, endlich meinen eigenen (Lebens-)Stil gefunden. Auf ihre Therapeutenfloskel am Ende unserer Telefonate ist so viel Verlass wie auf das Amen in der Kirche, was mir ein Gefühl von Sicherheit verleiht. »Guter Fortschritt, Frau Jakob!«, verabschiedet sie mich jedes Mal nach Ablauf unserer Zeit.

Ja, meinen Mädchennamen habe ich direkt nach der Scheidung wieder angenommen. Ich war nie wirklich ›Kraus‹. Das macht die Birgit viel besser als ich, sie trägt das Kraus-Gen quasi in sich und zwei Kraus-Frauen würden im Kraus-Universum zu erheblichen Irritationen führen, wenn es um die Klarstellung der Familienverhältnisse geht. Lilly und ich sind Jakob, Mark und seine neue Familie verkörpern Kraus, womit alle glücklich und zufrieden sind. Aber was hat das alles mit meiner Mutter zu tun? Nun, als ich mit Lilly an die Ostsee ging, blieb sie weiterhin in meinem alten Zuhause wohnen. Hartnäckig. Das ließ meinen damals Noch-Ehemann kreativ werden und er setzte sich mit Hans-Peter in Verbindung. Ich bin mir nicht sicher, ob er ihm Geld dafür geboten hat, aber der nahm sie tatsächlich wieder zurück, der Hans-Peter meine Mutter. Ihm war nämlich langweilig geworden ohne sie, gab er einst im

Nachhinein zu. So anstrengend sie auf der einen Seite für ihn sein konnte, war sie doch das Salz in der Suppe seines eher ruhigen und ausgeglichenen Lebens. Er hatte es zwischenzeitlich mit einem ruhigeren Exemplar versucht und schnell gemerkt, dass Minus mal Minus im Alltag nicht immer Plus ergibt. Die beiden sind übrigens in die Dominikanische Republik ausgewandert. Dort kann meine Mutter gefälschte Gucci-Gürtel auftragen, ohne dass es irgendjemandem auffällt, und der Hans-Peter kann sich Mamajuana infiltrieren, wenn ihm meine Mutter wieder auf den Sack geht (Entschuldigung – aber dafür gibt es einfach keine politisch korrektere Beschreibung).

»Wie spät ist es jetzt bei ihm? Können wir schon anrufen?«, fragt Charlie in die Runde.

»Sind die mit der Zeit zurück oder voraus?«, will ich wissen.

»Schätzchen, das ist Thailand. Die sind uns meilenweit voraus. So viel Gelassenheit bei der wirtschaftlichen Misere, davon können wir Deutschen nur träumen«, lallt Sabine, bei der mittlerweile ein kleiner Schuss Wodka im Smoothie ausreicht, um sie abzufüllen. Die Trinkerei hat sie fast komplett runtergefahren, was ein Zeichen dafür ist, dass es ihr gut geht. Zumindest momentan.

»Ruft ihn doch einfach an. Er wartet bestimmt schon ungeduldig und kann es kaum erwarten, eure Stimmen zu hören«, hält uns Alfi sein Telefon entgegen.

Er. Das ist Fredi, der mittlerweile mit Alessandro in Khao Lak lebt. Sein Fortgang, nachdem er und Alessandro knapp ein Jahr auf Ibiza verbracht hatten, hat vor allem Charlie in ein tiefes Loch gestürzt. Für Sabine und mich war es weniger schlimm, hatten wir uns doch schon an den geografischen Abstand gewöhnt. Dem Vorsatz, uns gegenseitig regelmäßig zu besuchen, sind wir tatsächlich treu geblieben und waren sogar schon alle gemeinsam in Thailand. Letztes Weihnachten haben wir dort gefeiert, da die Pflegekinder von Fredi und Alessandro noch zu klein für den Transport waren. Dieses Jahr kam ihnen eine Grippewelle dazwischen, aber mein nächster Besuch ist bereits geplant, in Verbindung mit einem ausgedehnten Urlaub, den ich dort ohne Kind verbringen werde. Fredi arbeitet immer noch für ein Bauunternehmen, allerdings für eins mit moderneren Werten und mehr Sinn für ökologisch wertvolle Baustoffe. Im Großraum Asien verantwortet er Projekte, von denen Mark nur träumen kann, und das, obwohl jeder im Unternehmen weiß, dass Fredi schwul und mittlerweile sogar inoffiziell ein Pflegevater ist. Eine Adoption kommt wegen der gesetzlichen Bestimmungen und Vorschriften noch nicht infrage, weder in Deutschland noch in Thailand. Daher kümmern sich die zwei aufopfernd um die beiden kleinen Jungs einer verwitweten Frau, die ohne sie nicht arbeiten und auf der Straße leben müsste. Sie hatten sogar schon überlegt, ob einer von ihnen die Frau heiraten soll, diesen Gedanken aber wieder beiseitegeschoben.

Wahrhaftig wollten sie von nun an sein. Weder Lügen noch faule Kompromisse sollte es in ihrem Leben geben. Davon hatten sie die vergangenen Jahre genug gehabt. Als bekannt wurde, dass Fredi Europa auf unbestimmte Zeit verlassen würde, ist sogar seine Familie wieder auf ihn zugekommen. Eigentlich war es nur seine Mutter, die ihren Sohn nicht verlieren wollte und ihm versprach, weiterhin wohlwollend auf den Vater einzureden. Aber das war zumindest ein Anfang und Fredi war's egal. Er war glücklich mit dem Menschen, den er über alles liebte, und das, obwohl der die herausforderndste Lyrik schreibt, die ich je gelesen habe. Alessandros Poesie ist äußerst gewöhnungsbedürftig. Er schreibt die Art von Gedichten, die garantiert eines Tages einen Literaturpreis erhalten. Bisher haben sich aber weder ein Verlag noch eine Jury bei ihm gemeldet, also schreibt er zwischen Windelnwechseln und Breikochen über Fallobst, was seiner Meinung nach die irdische Versinnbildlichung von Vergänglichkeit und Lebensmittelverschwendung ist.

»Hallo?«, ertönt es freudig am anderen Ende der Leitung.

Wir kreischen alle wild durcheinander und wünschen Fredi ein frohes Weihnachtsfest. Wie im Kindergarten. Wie immer.

So fühlt sich Familie an.

Impuls-Tagebuch

Die zentralen Lebensfragen, die sich Karin, Sabine, Charlie und Fredi in der Geschichte stellen, betreffen uns alle. Daher lade ich Dich herzlich dazu ein, Dir einen Moment Zeit zu nehmen. Schenke sie Dir selbst, diese wertvolle Zeit, und horche für einen kurzen Moment in Dich hinein. Oft überhören wir unsere eigene innere Stimme. Dabei hat sie uns so viel zu erzählen.

Nutze den Raum gerne für Notizen, Bilder, Skizzen.

Viel Spaß dabei!

STOPP! Halte kurz inne und sieh Dich um.

Wo lebst Du?

Wie lebst Du?

Bist Du genau dort, wo Du sein willst?

Auf einer Skala von 1 (wenig/kaum) bis 10 (absolut top): Wie zufrieden bist Du mit Deiner aktuellen Situation?

Warum?

Wovon wünscht Du dir mehr, wovon weniger in Deinem Leben?

Wann hast Du das letzte Mal von ganzem Herzen und so richtig ausgelassen gelacht?

Was erfüllt Dich mit Freude?

Wenn Du das nächste Mal um einen Gefallen gebeten wirst, darfst Du dir selbst - und immer wieder – die ›Karin-ohne-t-Frage‹ stellen:

»Will ich das wirklich?«

Für mehr Impulse, Inspirationen und gute Unterhaltung folge mir gerne auf Instagram. Dort bin ich unter ava_blank zu finden.

Meinen Podcast ›midlife:talk‹ kannst Du ab Januar 2022 überall dort hören, wo es Podcasts gibt.

Besuch mich auch gerne auf meiner Homepage

www.ava-blank.de

Ich freu mich auf Dich!

Danksagung

Kein Buch ohne Danksagung. Also gut.

Danke an meine zwei wundervollen Töchter. Ich liebe Euch immer noch, daran hat sich seit der Danksagung in Buch 1 nichts geändert.

Meine Mutter predigt nach wie vor ihr Hab-doch-keine-Angst-vor-dem-Leben-Mantra. Auch daran hat sich seit Buch 1 nichts geändert. Und es hilft noch immer. Danke Mama. Auch dafür, dass ich mit dem Gefühl aufwachsen durfte, dass egal, was auch immer zwischen uns ist, ich immer einen Platz auf Deiner Couch habe. Unbezahlbar! Und wenn sich das Buch hier nicht verkauft, komme ich eventuell demnächst darauf zurück.

Danke an Dich, liebe Alex Michelis, meine Retterin in der Not. Du gabst diesem Buch seinen Titel.

Conny. Mein schwäbisches Highlight. Du lieferst nicht nur geniale Coverideen, sondern auch viel Input für Teil 3 der Reihe um unsere liebe Karin ohne t. Bussi, Bussi.

Ende.

Über die Autorin

1977 in einem südhessischen Provinznest im Sternzeichen Fische geboren, kommt Ava Blank über Berlin, Amsterdam und Aachen vor 16 Jahren nach München, um zu bleiben. Die studierte Psychologin entdeckte ihre Liebe zum Schreiben bereits in frühester Jugend, als sie konsequent und erfolgreich Tagebuch führte.

Heute schreibt sie mit (viel) mehr Lebenserfahrung für die Öffentlichkeit. Kleine Anekdoten aus dem Alltag gibt es auf ihrem Blog. Ganze Romane im Buchhandel.

Humorvoll, reflektiert und gnadenlos ehrlich porträtiert sie in ihren Büchern und Artikeln die kleinen und großen Themen des Lebens und spricht damit vielen (Frauen) aus dem Herzen.

›Lebenslang? Mit Fragezeichen‹ ist die Fortsetzung ihres Debütromans ›Schwanger! Mit Ausrufezeichen‹, der im Sommer 2021 erschienen ist.

Bisher erschienen

Schwanger! Mit Ausrufezeichen

Roman

ISBN 978-3-7543-0770-0

Wie alles begann.

Schwanger! Dieses Testergebnis stellt Karins Welt völlig auf den Kopf. Für sie sind Mütter verwahrloste Vorstadthausfrauen, so wie ihre Schwester. Und jetzt soll sie eine von denen werden? Auf gar keinen Fall! Ein Plan muss her, der das verhindert und sie zum Paradebeispiel einer neuen Generation werdender Mütter macht. Eine Schwangerschaft ohne Nebenwirkungen soll es werden. Nur so können sich Frauen ihren Sexappeal und den Mann erhalten – davon ist Karin überzeugt. Bewaffnet mit einem 10-Punkte-Plan sagt sie dem ganzen Mamiwahnsinn den Kampf an. Und erlebt dabei ihr blaues Wunder. Denn nicht nur ein schwangerer Körper folgt seinen eigenen Gesetzen. Auch das Leben hat seinen eigenen Plan – und verändert einfach ALLES, wenn es will.

10 Tage ohne.
Reisetagebuch einer erschöpften Mutter
Novelle
Kindle Ausgabe

Ava hat Mama-Burn-Out. Zwischen Töpfchentraining und Taxidienst fragt sie sich: »Wann hatte ich das das letzte Mal, dass ICH bestimme, wann das Abendessen beendet ist und nicht die Launen oder die Müdigkeit der Kinder?« Am Rande totaler Erschöpfung als Vollzeit-Zweifach-Mutti beschließt sie: »Ich brauche dringend Urlaub! Und zwar nicht mit, sondern von der Familie!« 10 Tage ohne Mann und Kinder auf Mallorca sollen es richten. Aber: Wie geht Erholung eigentlich? Und wie ist das, so ganz alleine unterwegs zu sein? Eine humorvolle Reisenovelle über dringend notwendige Auszeiten im Elternalltag, die wir uns ruhig öfter gönnen sollten. Und ein Mutmacher für alle Unentschlossenen, es unbedingt mal auszuprobieren.

›10 Tage ohne‹ ist ein Spendenprojekt. Der komplette Erlös geht an die Nicolaidis Young Wings Stiftung:

www.nicolaidis-youngwings.de

Vorschau 2022

Liebes Universum, wir müssen reden!
Ein Ratgeberroman

Lungenkrebs! Die Diagnose zieht der beinahe fünfzigjährigen Sofia den Boden unter den Füßen weg. Ihr ganzes Leben lang hat sie immer versucht, alles richtig zu machen. Alles schien geregelt, vom familiären Alltag bis zur Altersvorsorge. Aber jetzt ist nichts mehr so, wie es einmal war. Bei der Chemotherapie trifft sie auf den neunjährigen Jens. Der leukämiekranke Junge ist das genaue Gegenteil von ihr: Er sagt, was er denkt, macht sich nichts aus Vorschriften und fordert Sofia mit seinen kindlich direkten Fragen dazu heraus, ihren bisherigen Sinn des Lebens zu überdenken. Wird sich die sicherheitsliebende Frau darauf einlassen? Ein (heiteres) Buch über die Einstellung zum Lauf des Lebens und der zentralen Frage: Was bedeutet Glück?

Nach

Schwanger! Mit Ausrufezeichen

und

Lebenslang? Mit Fragezeichen

geht es auf vielfachen Wunsch weiter mit

Karin ohne t.

In Teil 3 kämpft unsere liebe Karin als alleinerziehende Mutter mit den Auswüchsen einer Teenagertochter. Die mittlerweile vierzehnjährige Lilly treibt ihre Mutter an den Rande des Wahnsinns. Zudem herrscht männertechnisch auf dem platten Land an der Ostsee totale Flaute. Karin kehrt daher zurück nach München mit der Absicht, Lilly samt deren Launen bei ihrem Vater abzusetzen, um sich voll und ganz dem Dating zu widmen. Irgendwo da draußen muss es Mr. Right doch geben? Der lässt allerdings auf sich warten, während ein Männer-Desaster das nächste jagt. Seelische Unterstützung erhält sie dabei von ihren Freunden Sabine, Charlie und Fredi, die es nach und nach ebenfalls wieder nach München verschlägt. Die Gründe für deren Rückkehr sind weniger erfreulich, was das Quartett nach all den Jahren wieder näher zusammenrücken lässt. Gemeinsam stehen sie einander bei und meistern ihre jeweils kleinen und großen Sorgen.

Ob und wie ihnen das gelingt? Erfährst Du in 2022.

www.ava-blank.de